Junto a Aguas de Reposo

Descubriendo la Paz en Medio de la Adicción de su Hijo:

Una Guía para Madres de Adictos

por:

Cherri Raws Freeman

Ámelos para Vida

ISBN: 978-8-218-10995-0

Concepto de portada por Ali Pavuk
Fotografía por Cherri Freeman
Portada por Mark Phillips mark@marksphillips.com

Formateado por: Cathy Solomon cathgfi@gmail.com

Impreso por: Lightning Source, Inc. 1246 Heil Quaker Blvd.
La Vergne, TN 37086 EE.UU.

Publicado por Love Them To Life
lovethemtolife@gmail.com

Diseño de portada y formato por
Miblart.com

Traducido por: Xiomara Landeverde and Sara Aviles (EPN Tampa)

DEDICACIÓN

Este libro nació del dolor de ser madre de hijos que se habían extraviado y tropezado con el aparente abismo de la adicción. Aunque ese dolor es feroz, estoy agradecida con Dios por usar mis experiencias para ayudar a otras madres mientras caminan por aguas profundas. Quisiera dedicar este trabajo a las mujeres valientes que enfrentan con valentía y transparencia semejante dolor.

Muchas gracias a Cathy Solomon por sus horas de trabajo formateando este libro. No podríamos haberlo hecho sin ti, Cathy. Gracias también al Dr. John Woodward por su revisión, tutoría y apoyo constante.

Muchas gracias a Xiomara Landaverde y Sara Aviles por sus trabajos de traducción.

TABLA DE CONTENIDO

Dedicación V
Capítulo 1   La Anatomía de la Adicción 1
Capítulo 2   El Camino de la Adicción Química . . 7
Capítulo 3   Rey Bebé 11
Capítulo 4   Codependencia 15
Capítulo 5   Habilitación 21
Capítulo 6   Negación 27
Capítulo 7   Patrones de Conducta Adictiva . . .31
Capítulo 8   Robando 35
Capítulo 9   Asuntos Legales 39
Capítulo 10 Relaciones. 43
Capítulo 11 Preocupación 49
Capítulo 12 Culpa y Remordimiento 53
Capítulo 13 Miedo 59
Capítulo 14 Decepción. 65
Capítulo 15 Quebrantamiento 69
Capítulo 16 El Perdón 73
Capítulo 17 Cuidado del Cuerpo 79
Capítulo 18 Cuidado del Espíritu 85
Capítulo 19 Cuidado del Alma 91
Apéndice 95
Notas Finales 129

El Señor es mi Pastor, nada me faltará.
Me hace descansar en verdes pastos. Me
conduce hacia las aguas tranquilas. Él
restaura mi alma. Sí, aunque ande en
valle de sombra de muerte, no temeré
mal alguno, porque tú estarás conmigo
(Salmo 23:1-4).

Como madre que ama profundamente a sus hijos, incluyendo a los que se han visto atrapados en la idolatría de la adicción, a menudo siento que no hay aguas de reposo en mi vida. Los torrentes de problemas en cascada se derraman implacablemente sin un final a la vista, o al menos eso parece. ¿Dónde están esas aguas de reposo? Madres de adictos caminan todos los días por el valle de sombra de muerte. Existe la muerte de las esperanzas y los sueños, la muerte de la confianza y la integridad, y la posibilidad de una sobredosis cada vez que se drogan. Hay un miedo palpable junto con el deseo de controlar la situación, de hacer que todo salga bien de alguna manera.

Mi oración por ti es que encuentres esas aguas de reposo en los brazos del Dios que te ama más de lo que podrías imaginar. Mientras que estos no son estudios exhaustivos sobre cada tema, pueden ayudarte a aprender a resolver, en una manera saludable, los problemas difíciles que rodean la adicción. La vida no siempre funciona como lo soñamos, pero puedes descansar en Su fidelidad, Su soberanía y confiar en Su amor infinito por tu hijo y por ti.

Sin embargo, estoy continuamente contigo; Sostienes mi mano derecha. Me guías con tu consejo, y después me recibirás en gloria. ¿A quién tengo en los cielos sino a ti? Y no hay nada en la tierra que deseo fuera de Ti. Mi carne y mi corazón pueden desfallecer, pero Dios es la fortaleza de mi corazón y mi porción para siempre (Salmo 73:23-26 NVI)

Tenga en cuenta que la guía del facilitador está disponible para descargar en el sitio web *Love Them to Life* : www.lovethemtolife.com

CAPÍTULO 1

LA ANATOMÍA DE LA ADICCIÓN

"¿Por qué mi hijo no puede simplemente dejar de consumir drogas o beber? Sabe que es dañino y dice que quiere parar, pero sigue tomando malas decisiones".

Todos nosotros tenemos nuestras propias 'adicciones', hasta cierto punto (¡especialmente cuando se trata de chocolate!), pero a menos que personalmente hayamos tenido adicción química, es difícil entender la esclavitud que trae.

Gerald May, MD, en su libro *Addiction and Grace*, define la adicción de la siguiente manera:

> *La adicción es un estado de compulsión, obsesión o preocupación que esclaviza la voluntad y el deseo de una persona.*

Hay muchos tipos diferentes de adicción, pero principalmente se dividen en tres categorías:

1. adicción a una o varias sustancias químicas, como el alcohol, las drogas, el tabaco, la comida o la cafeína.
2. adicción a un comportamiento, como compras, sexo, pornografía, juegos de azar, trabajo, deportes y otros.
3. adicción a las relaciones, como la codependencia o la dominación/abuso de otra persona.

Es crucial que las mamás entiendan la adicción para saber mejor cómo tratar con sus hijos, sin importar la edad que tengan. Muchas mamás se enfrentan con hijos adultos que tienen entre 40, 50 y hasta 60 años y siguen pidiendo vivir en casa o pedir dinero.

Gerald May afirma que hay cinco características esenciales de la adicción:

- tolerancia
- síntomas de abstinencia
- autoengaño
- pérdida de fuerza de voluntad
- distorsión de la atención

1. Tolerancia: Cuando las personas usan una determinada sustancia durante el tiempo suficiente (un tiempo determinado), se acostumbran. Se necesita más de esa sustancia para obtener los mismos efectos.
2. Síntomas de abstinencia: Cuando una persona deja de consumir una sustancia adictiva, el cuerpo sufre un síndrome de abstinencia que provoca reacciones en el sistema nervioso como irritabilidad, agitación, aumento del pulso, temblores y pánico. También se produce un efecto rebote que provoca tipos de síntomas opuestos al efecto anterior de la droga. El

rebote de una droga depresora causará hiperactividad y así sucesivamente.

3. Autoengaño: La persona a menudo se engaña pensando que está a salvo y que puede detenerse en cualquier momento. Utilizan las técnicas de racionalización, minimización y negación para convencerse de que están bien.

4. Pérdida de la fuerza de voluntad: Una parte de la adicción que hace que sea tan difícil de entender para los seres queridos es que la voluntad de la persona se divide esencialmente en dos. Una parte de la voluntad

> está harta de vivir esa vida y quiere mejorar. La otra parte de la voluntad, que suele ser más fuerte, quiere continuar en la adicción. La persona puede hacer resoluciones repetidas para detener el comportamiento destructivo. Cada vez que las resoluciones fallan, la adicción se vuelve más poderosa. El Apóstol Pablo, en Romanos 7:15-24,

describe tan bien el conflicto de voluntad cuando habla de hacer las cosas que no quiere hacer y no hacer las cosas que sabe que debe hacer. Finalmente grita en agonía:

> *¡Oh, miserable de mí! ¿Quién me librará de este cuerpo de muerte?*

5. Distorsión de la atención: Encontrar la siguiente dosis o el próximo trago se convierte en algo que lo consume todo, excluyendo todas las demás necesidades y responsabilidades, incluidas la salud, las finanzas, la comida, la familia, las relaciones y, ciertamente, Dios.

La esencia de la adicción es el pecado de la idolatría: adorar la próxima dosis y sacrificar todo para conseguirla. Cada vez que tratamos de llenar el vacío en nuestras almas con otra cosa que no sea Dios, es una forma de adicción y es una fortaleza destructiva.

PREGUNTAS:

1. ¿Cuándo sospechó por primera vez que su hijo era adicto? ¿Cómo se sintió?

2. ¿Qué significa para usted la frase 'la adicción como idolatría'? ¿Puede ver áreas de su propia vida que podrían convertirse en adicciones?

3. La codependencia es una adicción tanto como el consumo de drogas o alcohol. ¿Es posible que 'ayudar' a su hijo sea una adicción en su vida?

ORACIÓN:

Padre, debemos ser sabios para comprender las adicciones de nuestros hijos y ver claramente la batalla que se está librando por sus propias vidas. Por favor, danos sabiduría mientras buscamos ayudarlos hasta el quebrantamiento para que se rindan a Ti.

CAPÍTULO 2

EL CAMINO DE
LA ADICCIÓN QUÍMICA

La adicción química, que es la adicción a las drogas y/o al alcohol, a menudo sigue una serie de etapas. Es útil comprender y desmitificar estas etapas cuando tratamos con nuestros hijos.

Jeff Van Vonderen, en su libro *Hope and Help for the Addicted ("Esperanza y Ayuda para los Adictos")* habla de la adicción a partir de la experimentación. A menudo comienza con los compañeros de nuestros hijos que han probado una droga o bebida, describen la experiencia y han despertado la curiosidad en nuestros hijos sobre si tendrá el mismo efecto en ellos. Quieren saber qué se siente al (el) estar borracho o drogado. También puede empezar con la presión de los compañeros de no ser 'cool' (estar en la onda) si no intentan cosas. A menudo, el deseo de experimentar va acompañado de una baja autoestima, estrés familiar, estrés escolar, pérdida de una relación amorosa u otro trauma emocional. El deseo es poder controlar cómo se sienten por lo que usan.

La siguiente etapa es el uso funcional. Continúan consumiendo recreativamente sin sufrir las consecuencias de la pérdida del trabajo, ruptura de relaciones o problemas legales.

La 'pendiente resbaladiza' de la adicción se vuelve más pronunciada cuando la persona usa las drogas o el alcohol para adormecer las fuertes emociones de culpa, vergüenza y remordimiento que puede experimentar a medida que las consecuencias comienzan a alcanzarlos (e) en cada área de su vida (etapa tres). Experimentan una incapacidad para detener su descenso.

La última etapa es la adicción en toda regla (su fuerza), que se caracteriza por una pérdida total de control. Persiguen el "subidón" pero lo encuentran cada vez con menos frecuencia, a medida que aumenta la tolerancia a la sustancia química. El consumo se trata más de evitar la enfermedad de abstinencia que de drogarse. Experimentan la pérdida de finanzas y relaciones, así como problemas legales y comienzan a vender drogas para mantener su hábito. Se han convertido en esclavos de las drogas o el alcohol, pero lo que es más importante, se han convertido en esclavos de sí mismos, del pecado y de las fortalezas.

Proverbios 23:29-35 describe muy bien la experiencia de una persona borracha o drogada:

> *¿Quién tiene aflicción? ¿Quién tiene pena?*
>
> *¿Quién tiene contiendas? ¿Quién tiene quejas?*

¿Quién tiene heridas sin causa? ¿Quién tiene ojos rojos?

Los que se demoran mucho en el vino. Los que van en busca de vino mixto.

No mires el vino cuando está rojo, cuando brilla en la copa, cuando se arremolina suavemente;

Al final muerde como serpiente, y aguijonea como víbora. Tus ojos verán cosas extrañas, y tu corazón pronunciará cosas perversas.

Sí, seréis como el que se acuesta en medio del mar, o como el que se acuesta en lo alto de un mástil, y dice: "Me han herido, pero no he recibido daño; me han golpeado, pero no lo sentí. ¿Cuándo me despertaré para buscar otra bebida?

¿Qué podemos hacer para ayudar a nuestros hijos cuando los vemos autodestruirse? Oración, oración y más oración sería lo primero. Luego, ayúdales a romper (al quebrantamiento), lo que significa permitirles sentir las consecuencias de sus decisiones. Es muy doloroso ver el proceso. Encontrar su identidad y fortaleza en su relación con Jesucristo no es sólo *una* respuesta, es *la* única respuesta.

PREGUNTAS:

1. Lea el Salmo 73: 23-26. ¿Por qué es importante experimentar a Dios como la fortaleza de tu corazón?

2. ¿En qué etapa cree que se encuentra su hijo actualmente en su adicción? ¿Cómo has manejado las emociones de verlo autodestruirse?

3. ¿Qué crees que significa 'ayudarlos al quebrantamiento'? ¿Cuáles son algunas formas prácticas de ayudarlos a quebrantar?

ORACIÓN:

Padre, Tú eres la única respuesta verdadera para la adicción de mi hijo. Por favor, dame la sabiduría que necesito mientras amo a mi hijo en este momento difícil.

CAPÍTULO 3

REY BEBÉ

¿Se ha preguntado alguna vez por qué sus hijos toman decisiones tan irresponsables, completamente opuestas a cómo los crió?

Hay una idea que dice que las personas dejan de madurar a la edad en la que empezaron a tener la adicción. La persona puede estar en el cuerpo de un adulto pero continuar actuando como un niño de 15 años. Esto se llama el síndrome del rey bebé, que ayudará a arrojar algo de luz sobre por qué nuestros hijos actúan como lo hacen.

Aunque esta no es una discusión completa de Rey Bebé, las siguientes son las características principales:

- Son irresponsables, pero son atraídos a personas responsables quienes compensan por ellos.
- Se enojan fácilmente, especialmente con la autoridad.
- Son el 'payaso de la clase': disfrutan haciendo reír a los demás como una distracción de su comportamiento destructivo e irresponsable.

- No manejan bien el dinero y las decisiones financieras.
- Te manipulan para que hagas lo que ellos quieren que hagas.
- Quieren tu tiempo cuando te necesitan pero no
- sabes de ellos cuando están bien.
- La frustración y la ira los inmovilizan. No manejan bien la adversidad.
- Culpan a otros por su situación.
- Tienen grandes planes pero poco o ningún seguimiento.
- Tienen un fuerte miedo al abandono y al rechazo.
- Intimidan a las personas para sentirse importantes.
- Quieren gratificación inmediata.

Los tres ídolos principales de un Rey Bebé (ya sea hombre o mujer) son el placer, el poder y la atención. En última instancia, se trata de servirse a sí mismo: quiero lo que quiero cuando lo quiero.

Rey Bebé es, en muchos sentidos, una versión muy oscura de la película *Big* , en la que un niño acaba en el cuerpo de un hombre. Su comportamiento era apropiado para su edad emocional, pero completamente inapropiado para la edad de su cuerpo. De la misma manera, nuestros hijos que están en adicción parecen que deberían poder pensar y actuar de manera madura, mientras que, en realidad, han dejado de crecer emocionalmente y no toman buenas decisiones.

¿Esta idea de Rey Bebé hace que el adicto sea menos responsable de sus acciones? Para nada. Necesitan hacerse responsables de sus elecciones para que lleguen al punto de quebrantamiento. Una vez que están limpios y sobrios, el proceso de crecimiento y maduración puede tener lugar, , especialmente cuando aprenden su verdadera identidad en Cristo.

1 Pedro 2:2 dice,

> *Como niños recién nacidos, anhelad la leche espiritual pura, para que por ella crezcáis en vuestra salvación.*

Hay esperanza para nuestros hijos. Pueden convertirse en hombres y mujeres de Dios, sin importar lo que hayan hecho o cuánto tiempo hayan sido adictos.

PREGUNTAS:

1. ¿Qué características de Rey Bebé ves en tu hijo o hija?

2. ¿Cuáles son algunas de las frustraciones que ha experimentado con su hijo/a en relación con Rey Bebé?

3. ¿Cuáles son algunas técnicas que podría utilizar para hacer que su hijo sea responsable de sus acciones?

ORACIÓN:

Padre, anhelamos que nuestros hijos encuentren la libertad y la madurez a través de Ti. Confiamos en que obrarás en ellos mientras continuamos amándolos y orando por ellos.

CAPÍTULO 4

CODEPENDENCIA

Uno de los temas más difíciles de escribir para mí personalmente es el tema de la codependencia. Cuando miro hacia atrás a los años de adicción de mi hijo, puedo ver tantas cosas que habría hecho de manera diferente. Es tan fácil para una mamá ser codependiente y no darse cuenta en absoluto.

Es importante entender qué es la codependencia para que podamos identificarla y detenerla antes de que destruya nuestra vida y la de quienes nos rodean. Wikipedia dice,

> *Un 'codependiente' se define vagamente como alguien que demuestra demasiado, y a menudo inapropiado, cuidado por las personas que dependen de él o ella. Un 'codependiente' es un lado de una relación entre personas que se necesitan mutuamente. La(s) parte(s) dependiente(s), u obviamente necesitada(s),*

pueden tener dificultades emocionales, físicas o financieras, o adicciones que aparentemente no pueden superar. La parte 'codependiente' exhibe un comportamiento que controla, excusa, se compadece y toma otras acciones para perpetuar la condición de la parte obviamente necesitada debido a su deseo de ser necesitado y miedo de hacer cualquier cosa que pueda cambiar la relación.

Una persona codependiente intentará controlar a la persona adicta para cambiar su comportamiento. Desafortunadamente, ninguna cantidad de emoción o amenazas hará que alguien atrapado en una adicción deje de fumar. El control no puede cambiar el corazón de una persona,incluso si se imponen restricciones a su comportamiento.

Jeff Van Vonderen, en su libro *Esperanza y Ayuda para El Adicto*, define a un codependiente como *una persona que busca obtener su sentido de bienestar del ser querido dependiente.*

También dice que la codependencia es

alimentar el comportamiento de un individuo que está causando dolor o estrés a toda la unidad o grupo.

Según Van Vonderen, hay tres factores que contribuyen a ser codependiente:

1. Tienes que preocuparte profundamente por la persona.
2. No entiendes la adicción y la dependencia química.

3. Sientes una sensación de vergüenza acerca de ti mismo, como si no fueras una persona de valor o fueras de alguna manera deficiente. No consideras que tu desempeño sea tan bueno como el de los demás, por lo que tu valor disminuye y tu vergüenza aumenta (a tus ojos). Intentas compensar esa vergüenza 'ayudando'.

Van Vonderen dice:

La codependencia es una adicción que resulta de una relación idolátrica con alguien que es químicamente dependiente. Una persona codependiente recurre a algo que no sea Dios como su fuente de bienestar. Si otro ser humano es tu dios falso, no quieres un dios roto, borracho, irresponsable y que causa vergüenza. Quieres un dios sobrio y responsable, uno que te haga sentir orgulloso. Por lo tanto, debes arreglar a tu dios, razón por la cual tanto tiempo y energía, su/ (delete)

la propia y la ajena, la gasta el codependiente

tratando de arreglar a la persona químicamente dependiente.

Es muy fácil para una madre caer sin saberlo en la adicción de la codependencia porque naturalmente cuidamos a nuestros hijos, incluso después de que crecen. Sin embargo, es fácil permitir que nuestros hijos se conviertan en ídolos en nuestras vidas y lo más probable es que no nos demos cuenta. Intentamos compensar sus problemas y recogerlos cuando se caen. Cuando pagué las multas de mi hijo y lo rescaté de numerosas situaciones, pensé que lo estaba ayudando a 'nivelarse' para que pudiera comenzar a tomar buenas decisiones. No fue así, y le impedí sentir las consecuencias de sus decisiones. Pensé que estaba haciendo cosas amorosas, pero no entendí que mis acciones estaban motivadas por la culpa por las decisiones que había tomado y que lo habían afectado. También estaba motivada por las tendencias de agradar a la gente. Wikihow.com dice,

> *¿Estamos permitiendo un comportamiento inaceptable para apaciguar a esa persona (que está causando la interrupción) para que no seamos rechazados, confrontados, desafiados u odiados por ellos?*

Identificar el problema es el primer paso para recuperarse. ¿De dónde obtiene su valor? ¿Está relacionado con los logros de sus hijos, su trabajo, su esposo, su ministerio, su desempeño en cualquier área de la vida? Si es así, estás en una pendiente resbaladiza hacia el dolor, la depresión y la codependencia. Tienes valor porque Dios te ve valioso. Colosenses 3:4 dice:

> *Y cuando Cristo, que es vuestra verdadera vida, se manifieste a todo el mundo, seréis partícipes de toda su gloria.*

Mi identidad se basa en quién es Él, no en quién soy yo, y especialmente no en lo que hace mi hijo, que es lo más liberador del mundo. Cuando 'acepto mi aceptación', que Jesús nunca me amará más o menos sin importar cuál sea mi desempeño, puedo estar lo suficientemente saludable para amar verdaderamente a mi hijo de una manera que no permita su adicción. Ámalos a la vida!

PREGUNTAS:

1. ¿Cuál es la diferencia entre crianza y codependencia?

2. Jeff Van Vonderen enumera tres ingredientes para ser codependiente. ¿Cuáles son y cómo son relevantes para su situación?

3. ¿Cómo definirías la vergüenza? ¿Por qué la vergüenza contribuiría a la codependencia?

    a. ¿Qué se entiende por 'complacer a la gente'? ¿Cómo se relaciona complacer a las personas con la codependencia?

    b. Lea Gálatas 1:10 para ver lo que Dios dice acerca de complacer a la gente.

4. Enumere algunas formas en que puede comenzar el proceso de relaciones saludables en lugar de la codependencia.

ORACIÓN:

Señor, quiero que mi identidad esté en Ti y no en agradar a toda costa a los que me rodean. Por favor, ayúdame a reconocer que mi vida está sólo en Ti, pase lo que pase con mi hijo. Necesito Tu ayuda para amar a la vida.

CAPÍTULO 5

HABILITACIÓN

El diccionario define habilitar como: hacer capaz, proporcionar los medios, el conocimiento o la oportunidad; hacer posible

Se dice que las personas que permiten un comportamiento disfuncional son codependientes, en el sentido de que existe una sensación de autoestima y bienestar que puede provenir de 'ayudar' a otra persona.

¿Cómo se relaciona esto con las madres cuyos hijos son adictos? Los llevamos dentro de nosotros durante nueve meses. Pasamos por el dolor del trabajo de parto y el parto y dedicamos nuestro tiempo a asegurarnos de que estuvieran seguros, alimentados y cuidados. Los acunamos para que se durmieran, les cantábamos canciones de cuna, les leíamos libros y besábamos sus cortes y raspaduras. Les leíamos historias bíblicas y orábamos con ellos. Hicimos todo lo posible para mejorar sus vidas.

Y entonces llega la llamada de la comisaría de que han sido detenidos por drogas o alcohol. Creemos que es solo una fase de la adolescencia, pagar sus multas porque no tienen dinero, engatusarlos/animarlos a cambiar de amigos, ir más a la iglesia, hacer las cosas 'correctas'. Nada de eso funciona y se hunden más en el lío que han hecho. Más arrestos, más multas, más promesas de cambio, todo en vano. Pagamos abogados, los enviamos a centros de tratamiento, les permitimos vivir en casa, les damos dinero cuando lo 'necesitan'; mientras tanto, se sumergen más profundamente en la adicción acérrima.

Miramos a nuestras sobrinas y sobrinos, así como a los hijos de nuestros amigos, que van a la universidad, obtienen títulos de posgrado, se casan y tienen hijos. Miramos a nuestro propio hijo, que se vuelve cada vez más y más delgado, con un color de piel pálido y cabello despeinado, y nos preguntamos dónde nos equivocamos.

¿Cómo sabemos si estamos permitiendo o simplemente brindando el tipo de amor que fomenta las buenas decisiones? ¿Cómo superamos el dolor de las decisiones que tomamos que pueden haber llevado a los sentimientos que nuestros hijos están tratando de ahogar con las drogas o el alcohol? ¿Les 'debemos' ayuda para salir del apuro?

Cuando tomamos la decisión valiente de amar a nuestros hijos hasta la vida, no hasta la muerte, hay algunas decisiones de 'amor difíciles' que deben tomarse. Amarlos no necesariamente se siente bien e inevitablemente provocará su ira cuando se den cuenta de que mamá ya no hará nada por ellos. Una de las experiencias más dolorosas de mi vida fue cambiar las cerraduras de mi puerta, sabiendo que mis joyas habían sido robadas y empeñadas por dinero de la droga. Otra fue recibir una llamada de que mi hijo había salido temprano de un centro de rehabilitación de drogas y le dijeron que tenía que caminar, a pesar de que era invierno y estaba a varios cientos de millas de su casa. La imagen de él durmiendo en el bosque sin mantas, sin comida y en temperaturas bajo cero era intolerable. Y, sin embargo, no permitirle sentir las consecuencias de sus elecciones en el pasado le permitió continuar su espiral descendente. Tuve que decirle que no podía ayudarlo. Fue un momento terrible para mí, ya que sabía que podía morir congelado. También sabía que podría recibir la temida llamada de que había tomado una sobredosis y muerto si no le permitía experimentar las consecuencias de sus elecciones.

PsychologyToday.com tiene una lista de comportamientos que facilitan el comportamiento inaceptable:

1. ¿A menudo ignora el comportamiento inaceptable?
2. ¿Te encuentras resentido por las responsabilidades que han asumido?
3. ¿Deja constantemente de lado sus propias necesidades y deseos para ayudar a otra persona?
4. ¿Tienes problemas para expresar tus propias emociones?
5. ¿Alguna vez ha sentido temor de que no hacer algo provoque un estallido, haga que la persona lo deje o incluso resulte en violencia?

6. ¿Alguna vez mientes para cubrir los errores de otra persona?
7. ¿Asigna constantemente la culpa de los problemas a otras personas en lugar del verdadero responsable?
8. ¿Continúas ofreciendo ayuda cuando nunca es apreciada o reconocida?

La primera tarea es observar de cerca y honestamente tus patrones y las emociones que los acompañan. Enfrentar nuestra necesidad de ser apreciados y amados es un gran paso para recuperarnos. Es muy importante tener a alguien que pueda hablar honestamente con usted sobre lo que ve y/o tener un grupo de apoyo para que rinda cuentas. Lo más importante es saber cuán profundamente amado eres por Dios y que Él está contigo en cada paso del camino. Él quiere que le confiemos a nuestros hijos, que quitemos nuestras manos de la situación y que lo dejemos trabajar en su vida sin nuestra interferencia. Tienes valor porque Dios te ve valioso/a.

PREGUNTAS:

1. ¿Cuál es la relación entre habilitación y codependencia?

2. ¿Se podría considerar habilitador proporcionar un lugar para vivir a un hijo que es adicto activamente? ¿Cuáles son algunas otras cosas que usted hace o ha hecho que podrían considerarse habilitantes?

3. ¿Cuáles son algunos pasos que puede tomar ahora para dejar de habilitar?

4. ¿Dónde encontramos el coraje y la paz para dejar de habilitar? Lea Isaías 43:1-2 y escriba su propio nombre.

ORACIÓN:

Padre, ayúdame a comprender que el amor y la habilitación no son lo mismo. Por favor, ayúdame a amar de verdad al no aceptar un comportamiento inaceptable, al defender la verdad y la honestidad, y al negarme a amar a mi hijo/a hasta la muerte. Por favor, dame el coraje para decir 'no' cuando lo necesito y la paz de saber que no puedo controlar las decisiones de mi hijo/a.

CAPÍTULO 6

NEGACIÓN

Es fácil, como dice el viejo refrán, 'enterrar la cabeza en la arena' y no querer ver las señales de adicción que te están mirando a la cara. La negación se define como cuando;

> *una persona se enfrenta a un hecho que es demasiado incómodo para aceptarlo y, en cambio, lo rechaza, insistiendo en que no es cierto a pesar de lo que puede ser una evidencia abrumadora* (Oxford English Dictionary).

La negación puede ser simple negación, en la que la persona no aceptará el hecho en absoluto, o podría implicar minimizar la gravedad de la situación.

¿Por qué negamos? Algunas razones posibles son:

- Vergüenza/orgullo
- Miedo a la condena por parte de amigos y familiares

- Miedo al conflicto con nuestros hijos
- No sabemos qué hacer, así que es más fácil no hacer nada

Negar la adicción de sus hijos le coloca en la "nación de -ación": minimización, racionalización y justificación, por nombrar algunas. Contribuye al problema de la habilitación. Hasta que enfrentemos los hechos y tomemos las medidas necesarias para enfrentar el problema, estaremos contribuyendo potencialmente a su muerte. La confrontación no nos hace populares; si su identidad está envuelta en la aprobación de su hijo, complaciéndole en lugar de a Dios, será tentador negar la gravedad de la situación. ¡Cuánto mejor sería para el bien de nuestros hijos ver las cosas como son y no como queremos que sean (ver Gálatas 1:10)!

Efesios 4:14-15 dice:

> *Entonces ya no seremos niños, zarandeados por las olas y arrastrados aquí y allá por todo viento de enseñanza y por la astucia y la astucia de la gente en sus engañosas intrigas. Al contrario, hablando la verdad en amor, creceremos hasta llegar a ser en todo el cuerpo maduro de Aquel que es la cabeza, es decir, Cristo.*

Lo más amoroso que podemos hacer es enfrentar la verdad y hablar con amor. La decisión que tomen es entonces totalmente de ellos.

PREGUNTAS:

1. Discuta lo que significa la "nación de -ación"; minimización, racionalización y justificación. ¿Ha habido situaciones en las que usted, o alguien que conoce, haya minimizado, racionalizado o justificado el comportamiento de alguien?

2. ¿Cómo contribuye la negación a la habilitación?

3. ¿Cómo maneja situaciones incómodas, como cuando se enfrenta a pruebas de adicción?

4. Ha descubierto parafernalia de drogas en la habitación de su hijo. ¿Cómo se puede 'decir la verdad en amor' en esta situación?

ORACIÓN:

Padre, quiero saber la verdad, pues Tú has prometido que la verdad me hará libre. Por favor, ayúdame a decir la verdad en amor a mi hijo.

CAPÍTULO 7

PATRONES DE CONDUCTA ADICTIVA

Es muy importante que reconozcamos las señales de que nuestros hijos son químicamente dependientes (adictos). La siguiente es una lista de patrones comunes para las personas con adicción:

- Cambios en los patrones de sueño, como dormir todo el día, despierto toda o la mayor parte de la noche
- Falta dinero de la casa
- Faltan joyas
- Faltan medicamentos
- Apatía, no preocuparse por el trabajo o el trabajo escolar, actividades, viejos amigos, atletismo
- Siempre necesitando dinero, pidiendo prestado o tener dinero dado
- Discutidor
- Nuevos amigos, amigos de la calle
- Dormitando

- Problemas en la escuela, calificaciones bajas, abandono de actividades escolares
- Cambios de apariencia, sin importar la higiene o la ropa.
- Problemas de salud física
- Cambios en el comportamiento y las relaciones
- Depresión
- Charla 'callejera'
- Pérdida de apetito, pérdida de peso
- Incapaz de mirarte a los ojos

Si sospecha dependencia química, es importante hablar y hacer preguntas. Si cierras los ojos y esperas que las cosas mejoren, sin duda empeorarán. Muchos padres dudan en registrar la habitación de sus hijos en busca de evidencia de uso de drogas. Es imperativo que hagas esto. El derecho a la privacidad termina cuando un hijo está en peligro y pone en peligro a todo el hogar.

Mantenga los ojos abiertos para los siguientes elementos:

- Envoltorios de puros
- Papel de aluminio, especialmente si tiene manchas negras
- Manchas negras en manijas de puertas, muebles, ropa, etc.
- Almohadillas Brillo, almohadillas de cobre Chore Boy
- Bolas de algodón y puntas Q-tips (usadas como filtros al aspirar)
- Cucharas, especialmente con residuos quemados y bolas de algodón

- Tapas de botellas
- Botellas de plástico con agujeros quemados en ellas
- Encasillados de bolígrafos vacíos o pajillas
- Pastillas y bolsas de polvo
- Bolsas pequeñas con nombres estampados en ellas
- Bolsas de vegetación (marijuana)
- Pipas y tallos de vidrio
- Jeringas

PREGUNTAS:

1. ¿Cómo se siente al registrar la habitación de su hijo si sospecha que consume drogas o alcohol?

2. Si encuentra parafernalia de drogas u objetos sospechosos, ¿qué debe hacer?

3. ¿Cómo manejaría una confrontación con su hijo de una manera sana y piadosa? (Sugerencia: dividirse en grupos y dramatizar una confrontación)

4. Lea Efesios 4:15. ¿Cómo practicamos 'decir la verdad en amor'?

5. Si confronta a su hijo/a con evidencia sólida de dependencia química y él/ella se niega a recibir ayuda, ¿cuáles deberían ser sus próximos pasos? Especialmente cuando la persona dependiente química no es menor de edad, ¿se ha enfrentado a la posibilidad de decirle que busque otro lugar para vivir?

ORACIÓN:

Padre, ni en nuestros sueños más locos esperábamos tener que enfrentar este problema y sentirnos tan inadecuados para enfrentarlo. Gracias porque eres adecuado para cada situación, incluso cuando sentimos que nos están arrancando el corazón. Necesitamos Tu paz, consuelo y coraje para hacer lo mejor para nuestro hijo/a que está en cautiverio, incluso si es difícil.

CAPÍTULO 8

ROBANDO

Puede pensar que su hijo o hija nunca le robaría, pero con la adicción viene la desesperación por financiar el hábito. El miedo a sufrir la enfermedad de abstinencia es aún más poderoso que la necesidad de drogarse. El dinero, las joyas, los aparatos electrónicos, los medicamentos y cualquier otra cosa que pueda empeñarse no es seguro en su hogar si su hijo es adicto. Por favor, no cometas el error de pensar que nunca te pasará a ti. No se trata de *si* sucederá, sino de *cuándo* .

Hay una sensación de conmoción, traición y dolor que acompaña el descubrir que su hijo le ha robado. A veces, puede encontrar artículos en la casa de empeño si el robo se descubre lo suficientemente rápido. Sin embargo, muy a menudo las joyas de reliquia se han ido para siempre cuando te das cuenta de lo que ha sucedido. Una madre descubrió recientemente que su hijo había robado el anillo de bodas de su abuelo que había usado durante 54 años. Cuando se descubrió el robo, el anillo se había ido para siempre. Hay una sensación de pérdida más por el valor sentimental que por el valor monetario real, así como una sensación de traición porque tu hijo te quitaría algo tan significativo e irreemplazable.

Es importante que sostengamos las 'cosas' libremente, en el sentido de que no se conviertan en ídolos en nuestra vida. También es importante que nos permitamos afligirnos por la pérdida de la inocencia y la confianza cuando nos demos cuenta de lo bajo que se ha hundido nuestro hijo.

Sugerencias:

1. Obtenga una caja fuerte y mantenga la llave con usted en todo momento. Guarde bajo llave sus medicamentos.
2. Cambie las cerraduras de su casa.
3. No deje su billetera, tarjetas de crédito o información financiera accesible.
4. Delátelo si le roba. A pesar de lo difícil que sería, puede despertar a su hijo y salvarlo de caer más en la adicción. El amor duro sigue siendo amor.
5. Tenga una lista de sus dispositivos electrónicos y otros objetos de valor, incluyendo las bicicletas. Las fotos y los números de productos son útiles para identificar artículos recuperados o para presentar reclamaciones al seguro.

PREGUNTAS:

1. ¿Has descubierto algún robo en su casa? ¿Cómo le hizo sentir?

2. ¿A qué nivel de robo consideraría denunciar a su hijo a la policía?

3. Si su hijo le ha robado, ¿cómo lidió con la situación? ¿Qué consejo le daría a alguien que está empezando a vivir la vida con un hijo adicto?

4. ¿Adónde va cuando experimenta pérdida, traición y dolor? Lea Isaías 53:4a.

ORACIÓN:

Padre, no puedo comprender que mi hijo a quien tanto amo me robe, y sin embargo, sé que puede suceder. Por favor, dame la sabiduría y el coraje para enfrentar la situación de la manera que Tú quieres que lo haga.

CAPÍTULO 9

ASUNTOS LEGALES

Te despierta en medio de la noche una llamada telefónica de la comisaría. Tu hijo ha sido arrestado por posesión de una sustancia peligrosa y controlada (CDS) o por DUI(manejar bajo la influencia) y tu corazón se te va a los pies. Estás en estado de shock. Es posible que nunca haya tenido experiencia con el sistema legal y, por lo tanto, no tenga idea de qué hacer en esta situación. Esto no pretende ser un consejo legal; sin embargo, si eres mamá de alguien involucrado con las drogas, no es cuestión de *si* tendrá problemas legales, es cuestión de *cuándo* .

Lo más probable es que su primera pregunta sea si están a salvo en la cárcel. Sus hijos están realmente más seguros que cuando están en la calle. y ser arrestado puede ser la llamada de atención necesaria tanto para usted como para su hijo de que existe un problema importante.

Algunas de las emociones que puede sentir son ira, miedo, humillación, confusión y conmoción. Desea sacarlo de la cárcel lo más rápido posible, pero es importante pensar en los problemas.

1. Pueden ser liberados "ROR" (liberados bajo su propio reconocimiento). Esto significa que no se requiere fianza para que sean liberados hasta que comparezcan ante el juez.

2. Puede haber fianza fijada por el juez. El tribunal puede exigir un pago inicial del 10% o el monto total de la fianza para liberarlos. La gente a menudo usa un agente de fianzas para pagar la fianza se les puede pedir que usen su casa como garantía si así lo deciden. Si su hijo elige irse de la ciudad y no presentarse en la corte, podría perder su casa. Es muy importante que no se arruine financieramente para sacarlo del lío que creó, para que así sienta los efectos de las elecciones que ha hecho. Una forma de ayudarlo a sentir esos efectos es no rescatarlo, incluso si es su primera ofensa. Necesita tiempo para darse cuenta de que el camino en el que se encuentra no es un buen camino. Puede marcar la diferencia entre amar a su hijo hasta la vida y no hasta la muerte.

3. Si su hijo fue arrestado por DUI o posesión de drogas y él conducía su automóvil, podría ser incautado, especialmente si tiene suficiente cantidad de drogas en su persona y/o en el automóvil para calificarle como traficante (posesión con intención para distribuir). ¡NUNCA PRESTE SU AUTO A SUS HIJOS si sabe que están usando drogas o bebiendo!

4. Surgirá la cuestión de conseguir un defensor público o un abogado privado. Una vez más, es importante que

no arruine sus finanzas para contratar a un abogado con el fin de "probar su amor" por su hijo. Esta es una decisión que tendrá que tomar dependiendo de sus circunstancias, pero no está siendo poco cariñoso si no contrata a un abogado privado y en su lugar utiliza un defensor público.

Estos son temas muy difíciles. Nunca pensé que los enfrentaría, pero lo he hecho repetidamente. Es desgarrador y humillante. Encuentre a alguien que haya pasado por esto y pueda ayudarle a pensar objetivamente. Ore por sabiduría (Santiago 1:5). Lo más importante, asegúrese de que su identidad y seguridad estén en Jesús, Aquel que nunca lo dejará ni lo desamparará. Confíe en Él con su hijo, pase lo que pase.

PREGUNTAS:

1. ¿Tu hijo ha tenido problemas legales? Si es así, ¿cómo te hizo sentir eso? ¿Pensó que tenía que sacar a su hijo de la cárcel de inmediato a toda costa?

2. ¿Qué opinas sobre la idea de que la fianza sea, la primera vez misericordia y la segunda habilitación? ¿Es la misericordia en el caso de una primera ofensa la mejor

opción, en tu opinión, o es más amoroso ayudarlos hasta el quebrantamiento dejándolos en la cárcel?

3. ¿Cómo han afectado los problemas legales de su hijo a su salud, finanzas y relaciones?

4. Si está casada, ¿cómo deciden usted y su esposo sobre el manejo de los asuntos legales? ¿Esta área ha causado problemas en su relación?

ORACIÓN:

Padre, nunca, nunca pensamos que veríamos a nuestros hijos en la cárcel y, sin embargo, sus decisiones los han llevado allí. Pido protección para nuestros hijos. También, ¿harías que nuestros hijos se sientan lo suficientemente incómodos como para que reciban la 'llamada de atención' que necesitan? Por favor, ayúdalos a saber cuánto los amamos.

CAPÍTULO 10

RELACIONES

Se ha dicho que la mayoría de los adictos piensan que solo se están lastimando a sí mismos con sus elecciones, cuando en realidad están lastimando al menos a cuatro o cinco personas, generalmente miembros de la familia. Tener una persona adicta en la familia, especialmente si vive en el hogar, cambia la dinámica familiar. Puede sentirse como si la vida hubiera sido succionada de la unidad familiar. Puede haber un gran estrés financiero, así como estrés interpersonal.

Usted, como madre de un adicto, puede sentirse como si estuviera atrapada en el medio. Si está casada con el padre de su hijo, es de esperar que tenga una pareja y una persona de apoyo que le acompañe en las decisiones y luchas. Sin embargo, es posible que no haya acuerdo sobre la mejor manera de manejar las cosas y esto puede provocar una ruptura en la relación matrimonial. Uno de ustedes puede tender a ser más habilitador y el otro más hacia el lado del amor duro. Es importante que obtenga la ayuda de un pastor o consejero mientras ambos atraviesan este momento difícil para que puedan construir su matrimonio y no destruirlo. Es crucial que muestre un frente unido a su hijo, incluso si detrás de escena no siempre esten de acuerdo. Hay emociones profundas que pueden expresarse de manera dañina mientras caminas por las aguas turbulentas de un hijo/a que se autodestruye. Los adictos son maestros manipuladores y parecen poder mentir sin sentir remordimiento. Confiando el uno en el otro, respetando y valorando las diferencias, manteniéndonos en primer lugar después de Dios y comprometiéndonos a proteger nuestro matrimonio es muy importante para sobrevivir este momento difícil.

Ocurre una dinámica diferente si se vuelve a casar y se enfrenta a problemas familiares combinados. Es mucho más fácil para un padrastro tomar una línea dura con un hijastro. Usted puede sentir que tiene que estar en el medio para proteger a su hijo, o puede estar de acuerdo con la decisión sobre cómo manejar la situación pero no está de acuerdo con la forma en que se le presenta a su hijo (quizás con enojo/rabia). Estos temas tienen el potencial de dividir un matrimonio si no se hablan, especialmente si siente más lealtad por su hijo que por su esposo o siente que él es demasiado duro o injusto. Una vez más, ser capaz de amar, valorar y respetar a tu pareja, así como sentirte valorada, respetada y amada, son los pilares de una relación sólida. Sobre todo, poner y mantener a Cristo en el centro de la relación es el cemento que la mantiene unida. Recomendaría leer *Familias Donde la Gracia Esta en Su Lugar* de Jeff

VanVonderen y *El Significado del Matrimonio* de Timothy y Kathy Keller.

Puede ser una madre soltera que tiene que lidiar con un excónyuge habilitador o que no tiene a nadie con quien compartir la carga de la situación. Encontrar tu seguridad, sabiduría y paz en Aquel que más te ama, tu Abba Dios, es la única respuesta al dolor que estás experimentando. Es importante tener un grupo de apoyo de amigos y familiares a tu alrededor.

Los hermanos se ven profundamente afectados por un hermano o hermana en adicción. Es posible que no reciban la atención que necesitan, ya que toda la atención se centra en el adicto. Pueden tratar de compensar la forma en que su hermano adicto está actuando tratando de ser perfectos y no causar ningún dolor. Pueden retirarse de la interacción familiar. Es muy importante que cada miembro de la familia reciba la ayuda y la atención que necesita, no solo el miembro que se está "comportando mal".

Colosenses 3:3-4 dice:

> *Porque has muerto y tu vida está escondida con Cristo en Dios. Cuando Cristo, que es nuestra vida, se manifieste, entonces también vosotros seréis manifestados con Él en gloria.*

Cuando Cristo es nuestra vida misma, nada puede sacudirnos hasta el centro de nuestro ser. Cuando nuestras relaciones se basan en Él, Él es la roca de la familia que no se moverá. Las cosas aún pueden ser difíciles y dolorosas, pero nada puede hacer temblar los cimientos si estamos enfocados en Él.

PREGUNTAS:

1. Describa su situación familiar. ¿Está mezclada? ¿Es una madre soltera?

2. ¿Cuáles son las formas en que ha visto sufrir las relaciones en su familia debido a la adicción?

3. ¿Cuáles son algunas maneras de apoyar a sus otros hijos cuando un hermano es adicto?

4. ¿Cuáles son las formas en que puede proteger su

matrimonio del estrés de tratar con un hijo adicto?

ORACIÓN:

Padre, necesitamos mantener el equilibrio en nuestras relaciones. Necesitamos que seas primero, nuestro cónyuge en segundo lugar y nuestros hijos en tercero. La vida se vuelve completamente ingobernable cuando perdemos ese equilibrio. Necesitamos Tu ayuda y Tu sabiduría para mantener fuerte la relación de amor en nuestro matrimonio a pesar del estrés que sentimos. Gracias por preocuparte por cada área de nuestra vida.

CAPÍTULO 11

PREOCUPACIÓN

La preocupación es como un cáncer que mata nuestra paz y alegría. Podemos pasarnos la vida preocupándonos por nuestros hijos, las finanzas, la salud, las relaciones, el trabajo, etc. ¿Alguna vez has visto a un hámster correr sobre la rueda en la jaula? La preocupación se convierte en esa rueda. Te subes y corres y corres pero nunca llegas a ninguna parte. Tengo la costumbre de despertarme temprano y acostarme en la cama durante unos minutos antes de levantarme, orar y pensar en el día que tengo por delante. Muy a menudo el enemigo llena mi mente con cosas de las que preocuparme. En lugar de sentirme renovada por el sueño de la noche, estoy preocupada, incómoda y estresada por la 'rueda' de preocupaciones de la mañana.

Jesús habla en Juan 15 acerca de permanecer en Él. Si aceptamos la verdad de Su amor y Su poder, ¿por qué pensamos que la preocupación cambiará el resultado del día? (Mateo 6:27) Todo se reduce a la confianza.

O le confío TODO, que Él está íntimamente pendiente e involucrado en cada aspecto de mi vida, o no confío en Él y pienso que tengo que encargarme de todo, lo que termina siendo un desastre. Necesitamos confiar en Él especialmente cuando las cosas no salen como queremos, incluso cuando vemos que nuestros hijos toman malas decisiones y se dirigen por un camino de destrucción. Necesitamos confiar en Él cuando nuestra decisión de dejar de habilitar conduce a situaciones difíciles y a la ira de parte de nuestros hijos. Cuando comprendemos que Él conoce todo el panorama y está obrando constantemente para nuestro bien (Romanos 8:28), podemos relajarnos y salir de la rueda de la preocupación.

La confianza es el antídoto contra el veneno de la preocupación.

PREGUNTAS:

1. ¿Qué cosas te preocupan?

2. ¿Qué tan difícil es funcionar cuando estás consumido/a por la preocupación? ¿Cómo se afectan tus otras relaciones cuando estás preocupado/a por tu hijo?

3. ¿Cuáles son algunas formas prácticas que has encontrado para lidiar con la preocupación?

ORACIÓN:

Padre, cuando no puedo bajarme de la rueda de la preocupación, necesito que Tú tranquilices mi mente. Necesito confiar en Ti con absolutamente todo en mi vida. Sé que amas a mi hijo aún más que yo. Te doy a confío en Ti, pase lo que pase.

CAPÍTULO 12

CULPA Y REMORDIMIENTO

¿Es mi culpa que mi hijo sea un adicto? ¿Debería haberlo disciplinado más o menos? ¿Mis elecciones personales le causaron tanto dolor que recurrió a esto?

Estas son las preguntas inevitables que pasan por la mente de una madre una y otra vez. ¿Cómo pudo el hijo que tanto amo tomar decisiones tan destructivas y qué hice yo que causó la situación?

Nosotros, como padres, enfrentamos problemas difíciles que afectan a nuestros hijos, como:

- problemas conyugales
- maltrato en el hogar del que no sabemos proteger a los hijos
- elegir volver a casarse después de un divorcio y traer hijastros al hogar
- lidiar con un hijo con necesidades especiales y el estrés que puede llevar a toda la familia
- tratar con un hijo de voluntad fuerte, especialmente como padre/madre soltero/a

- enfermedad de uno de los padres o de un hijo en la familia
- complacer a la gente y no establecer límites firmes

No somos responsables de las decisiones que toman nuestros hijos. Solo somos responsables de nuestras acciones y reacciones, como ellos lo son de las de ellos. Mientras que el dolor de las cosas en la infancia causan sentimientos de rechazo y el vacío en el alma que algunas personas tratan de llenar con drogas y alcohol, en última instancia se reduce a tomar decisiones saludables o no saludables.

¿Qué podemos hacer con la culpa y el remordimiento?

1. Entender nuestra posición en Cristo. Jesús murió para que tengamos vida: vida gozosa, rica y abundante (Juan 10:10). No estamos definidos por nuestro pasado.

   . las cosas viejas pasaron; todas las cosas son hechas nuevas (2 Corintios 5:17).

Tenemos un futuro brillante, un presente bendecido y un nuevo pasado.

2. Reconocer las decisiones que tomamos que han lastimado a nuestros hijos. Sea honesto y pida perdón por las cosas que podríamos haber hecho mejor, en todo caso.

3. Confía en Dios para traer belleza de las cenizas (Isaías 61:3). Sepa cuánto ama Él a sus hijos, tal como lo ama a usted: incondicionalmente, profundamente, personalmente. No hay nada que puedas hacer para que Él te ame más o menos. Libera el pasado y los

remordimientos. Vive hoy en libertad. Permit(e) que Él obre en sus vidas, a su tiempo y a Su manera.

4. No permitas que los sentimientos de culpa te lleven a habilitar a tus hijos. Es importante que te vean actuando de manera saludable ahora y aferrándote firmemente a los límites. No será popular, pero es crucial para su crecimiento y el tuyo.

5. Encuentra tu identidad como la hija del Rey, no como 'mamá'. No hay mayor privilegio en la vida que ser madre, pero nos destruirá si eso se convierte en nuestra identidad principal. No podemos controlar a nuestros hijos y sus elecciones.

Todos tomamos decisiones equivocadas en la vida. Dios no nos llama a vivir en la esclavitud de esas decisiones.

PREGUNTAS:

1. ¿Cómo se relaciona el sentirse culpable con la habilitación?

2. ¿Se siente responsable de la adicción de su hijo? ¿Eres responsable? Conversar.

3. ¿Cuál es la solución para nuestra culpa y remordimiento por las decisiones que hemos tomado y que han afectado a nuestros hijos?

4. ¿Hay algo por lo que necesite disculparse? ¿Cómo es una disculpa saludable?

5. ¿Cómo nos liberamos de la culpa y el remordimiento? ¿Qué dice Romanos 8:1,2? Si no hay condenación por lo que Jesucristo hizo por nosotros, ¿necesitamos vivir con el dolor de la culpa y el remordimiento?

ORACIÓN:

Padre, es tan fácil sentir el aguijón de la culpa y el remordimiento cuando vemos a nuestros hijos luchando contra la adicción. Conocemos nuestra humanidad y nuestros defectos como padres. Pero diste a Jesús para que ya no estemos bajo condenación. Nos has llamado a caminar en libertad y gracia. Enséñanos, Señor, a aceptar y creer que no solo tenemos un futuro contigo y tu presencia con nosotros ahora, sino que nos diste un nuevo pasado cuando hiciste nuevas todas las cosas. Gracias por tu increíble amor.

CAPÍTULO 13

MIEDO

"Tengo miedo de que mi hijo tenga una sobredosis y muera". "Temo que mi hijo termine en la cárcel por tráfico de drogas". "Me asusta que mi hijo sea golpeado y/o violado en prisión". "Temo que lo apuñalen o le disparen durante un negocio de drogas que salió mal". "Me aterroriza que mi hijo se prostituya para conseguir dinero para las drogas". "Tengo miedo de que mi hija quede embarazada o contraiga una ETS debido a este estilo de vida".

Estos son miedos muy reales y son parte de la vida en la adicción. Cuando mi hijo fue golpeado por un traficante de drogas y le rompieron la clavícula, me quedé atónita y devastada. Cuando descubrí que estaba usando heroína, supe que estaba a solo una bolsa de la muerte cada vez que la consumía. También sabía que no había nada que pudiera hacer para que dejara de destruirse a sí mismo más que orar continuamente por él.

¿Adónde puedo ir con estos miedos? Retrocede conmigo 2.000 años para ver una cruz de madera pesada, áspera, una de las formas más crueles y tortuosas de morir, y ver al perfecto Hijo de Dios en agonía en esa cruz para que mi hijo y mi hija puedan vivir. ¿Es digno de mi confianza? ¡Sí! ¿Está obrando en sus vidas, ya sea que lo vea o no? ¡Sí! ¿Le importa este miedo que me atenaza y me lleva a torrentes de lágrimas? ¡Sí! Él murió para que nosotros pudiéramos vivir. Él vive para que podamos experimentar la vida al máximo, independientemente de nuestras circunstancias.

> *El ladrón no viene sino para hurtar y matar y destruir. Yo vine para que tengan vida, y para que la tengan en abundancia* (Juan 10:10).

Cuando verdaderamente entregamos a nuestros hijos a Dios, para renunciar a nuestros reclamos del tipo de vida que queremos para ellos (y para nosotros), finalmente podemos tener un lugar seguro para renunciar a nuestros miedos: en los brazos amorosos de nuestro Papá, el Dios que es amor. Romanos 8:32 dice,

> *El que no escatimó ni a su propio Hijo, sino que lo entregó por todos nosotros, ¿cómo no nos dará también con él todas las cosas?*

Aunque esas cosas que tememos finalmente se hagan realidad, nuestra paz y nuestra esperanza están solo en Cristo. Podemos confiar en que Él está trabajando en la vida de nuestro hijo, sin importar cómo se vea.

Isaías 41:10 dice:

> *No temas, porque yo estoy contigo; no
> miréis ansiosamente a vuestro alrededor,
> porque yo soy vuestro Dios. Te fortaleceré,
> ciertamente te ayudaré, ciertamente te
> sostendré con mi mano derecha justa*
> (NASB).

Note que Dios no promete sacarnos de nuestras
circunstancias, pero sí promete guardarnos a través
de las circunstancias. Nuestro miedo pone nuestras
circunstancias en un pedestal como si fueran 'dioses'. No
se supone que el miedo nos controle; solo Dios tiene el
control. El miedo puede destruirnos de la misma manera
que las drogas/el alcohol están destruyendo a nuestros
hijos. ¡El YO SOY contigo es grande! Cuando tenemos
miedo, nos sentimos solos, pero eso es una mentira
directamente del enemigo de nuestras almas. Dios está
con nosotros. Él NUNCA nos abandonará.

> *Venid a mí todos los que estáis trabajados
> y cargados, y yo os haré descansar. Llevad
> Mi yugo sobre vosotros y aprended de
> Mí, que soy manso y humilde de corazón,
> y hallaréis descanso para vuestras almas.
> Porque mi yugo es fácil y ligera mi carga*
> (Mateo 11:28-30).

PREGUNTAS:

1. En Mateo 11: 28-30, ¿qué quiere decir Jesús cuando dice: *Mi yugo es fácil y ligera Mi carga* ? ¿Significa eso que esta vida siempre será buena para nosotros?

2. Lea el Salmo 91. ¿Qué imágenes pinta el salmista de su seguridad en Dios?

3. ¿Alguna vez su hijo ha tomado una sobredosis? ¿Cuál es su mayor temor al saber que su hijo está usando drogas o bebiendo?

4. Nuestro enemigo, Satanás, es el padre de la mentira. Nada le gustaría más que destruirnos, y el miedo es una de sus armas más potentes. ¿Cuáles son algunas

formas en que podemos combatir sus mentiras, incluso en nuestros tiempos más oscuros?

ORACIÓN:

Padre, elijo confiar en ti en cada circunstancia, sin importar cuán oscura y aterradora sea. No me fallarás ni me abandonarás. Te doy mi miedo a cambio de Tu paz.

CAPÍTULO 14

DECEPCIÓN

Decepcionar: dejar de cumplir las expectativas o deseos. Derrotar el cumplimiento de esperanzas, planes, etc. Desbaratar o frustrar (Diccionario Webster).

Seamos sinceros; cuando damos a luz a hermosos bebes, lo último en lo que pensamos es en que se vuelvan adictos. Esperamos que terminen la escuela, se gradúen de la universidad, consigan un trabajo, encuentren una buena esposa o esposo y críen una familia con nuestros nietos. Esperamos que trabajen duro, estudien mucho y jueguen mucho.

Cuando nuestro mundo se derrumba al darnos cuenta de que nuestro hijo ha elegido un camino destructivo de adicción, ¿a dónde vamos con nuestro dolor y decepción? No podemos obligar a nuestros hijos a hacer lo que queremos que hagan o a ser lo que queremos que sean. No podemos controlarlos. No funciona.

Muchas madres encuentran su identidad en los logros de sus hijos, lo cual es un camino doloroso incluso en situaciones que de otro modo serían "buenas". En el momento en que encontramos nuestro significado e identidad en cualquier ser humano, estamos condenados a la decepción. La gente nos decepciona, incluidos (y quizás especialmente) aquellos a quienes dimos a luz.

El único fundamento sólido de nuestra identidad proviene de Aquel que nos creó, nos ama incondicionalmente y murió para liberarnos de la pena de nuestro pecado. Ese Uno es Jesús. Ya no necesitamos ser definidos por los aspectos externos de la posición, posesiones y personas una vez que comprendemos que el Dios del Universo nos ama apasionadamente. Nuestra identidad proviene de ser hija del Rey, princesa del Altísimo, no por lo que hacemos sino por lo que Él es. Él nos cubre con Su hermosa vestidura de justicia para que no tengamos que sentir vergüenza.

¿Nos duele y nos decepciona cuando nuestros hijos toman decisiones desastrosas? Absolutamente. Pero no tiene por qué destruirnos si nuestro fundamento es sólido en Jesucristo.

Hay un sitio web maravilloso llamado *La Carta de Amor del Padre* . Se lo recomiendo a cualquiera, especialmente si está luchando con su identidad y no se siente amado/a. Hay una transcripción en el Apéndice pero vale la pena ver el video en el sitio web: http://www.fathersloveletter.com

PREGUNTAS:

1. ¿Cuáles eran sus expectativas cuando nació su hijo? ¿Para usted? ¿Para su hijo? ¿Para su familia?

2. Describa la decepción que ha experimentado durante la adicción de su hijo. ¿Cómo has afrontado esta decepción?

3. ¿De dónde viene su alegría cuando se siente triste y decepcionado por las decisiones que ha tomado su hijo?

   – Lea Santiago 1:2. ¿Qué dice acerca de la alegría?

   – Lea Romanos 15:13. ¿Cuál es nuestra fuente de esperanza?

4. ¿En qué se basa su identidad? ¿Trabajo, hogar, posesiones, hijos, educación, trabajo/ministerio en la iglesia? ¿En qué debe basarse su identidad?

ORACIÓN:

Padre, es tan fácil sentir desilusión cuando pongo mi esperanza en algo o alguien además de Ti. Mi identidad necesita estar solo en Ti y no en mi hijo.

CAPÍTULO 15

QUEBRANTAMIENTO

Se ha dicho que el dolor es la piedra de toque del cambio. Hasta que nuestros hijos hayan experimentado suficiente dolor en su adicción, hasta que hayan perdido todo lo que les importaba, hasta que reconozcan que su camino no funciona, no cambiarán.

Quebrantamiento significa llegar al final de uno mismo por haber llegado a un lugar de dolor, destrucción y desesperación. Es reconocer que la libertad sólo se encuentra en decir finalmente, *no se haga mi voluntad sino la Tuya* . Esto es exactamente lo que los adictos NO quieren hacer. Están en tal esclavitud que realmente temen estar limpios y sobrios. Continuarán su camino hasta que el dolor de permanecer igual sea mayor que el dolor de cambiar.

Nuestro trabajo es ayudarlos a quebrantarse. Esto no implica gritarles o someterlos a largos sermones sobre su comportamiento, porque son bastante capaces de ignorarnos o hablar de boquilla para cambiar mientras hacen lo que quieren hacer. Tampoco significa que dejemos de amarlos y expresarles amor. Ayudarlos al quebrantamiento significa:

1. no permitirles vivir con nosotros mientras están usando drogas/alcohol
2. no darles dinero
3. no darles paseos
4. no pagar su renta
5. no darles comida
6. no pagar su factura de teléfono
7. no sacarlos de la cárcel
8. no pagar sus multas
9. no pagar abogados para ellos
10. no creerles cuando dicen que cambiarán si simplemente pueden volver a casa para vivir

En esencia, significa quitarles las manos de encima, dejar que permanezcan en la 'silla de tiempo fuera' de la vida y permitir que Dios obre en su vida a través del dolor para que lleguen al lugar de la rendición. Mantenemos a Dios esposado, por así decirlo, cuando interferimos constantemente con lo que Él quiere hacer en sus vidas.

Quizás parte del problema es que nosotros mismos no hemos llegado al lugar del quebrantamiento. Todavía pensamos que tenemos que jugar a ser Dios y rescatar a nuestros hijos porque no confiamos en que Él obre en ellos. Cuando alcanzamos el punto de quebrantamiento en el que confiamos en Él por completo, Él puede obrar en nuestras vidas para moldearnos en la madre piadosa que nuestros hijos necesitan ver.

¿Alguna vez has hecho cerámica o has visto a alguien trabajar con arcilla? Un alfarero experto puede transformar un bulto sin forma en una obra de arte y, sin embargo, muchas veces la vasija emergente debe descomponerse en un estado de bulto si el proceso no va bien. Sólo entonces el alfarero puede transformar el barro en algo hermoso y útil. Podemos confiar en nuestro Padre para que gentil y hábilmente tome nuestro quebrantamiento y lo convierta en Su obra de arte, si se lo permitimos.

PREGUNTAS:

1. ¿Por qué cree que los adictos temen estar limpios y sobrios?

2. ¿Qué podemos hacer para permitir que nuestros hijos permanezcan en la 'silla de tiempo fuera' para que Dios pueda trabajar con ellos? ¿Qué cosas hacemos que interfieren con que nuestros hijos alcancen el quebrantamiento?

3. Lea Isaías 64:8. Si todos somos obra de Su mano, ¿cómo puede esa verdad cambiar nuestra perspectiva de confiarle a Él nuestros preciosos hijos?

ORACIÓN:

Cambia mi corazón, oh Dios; hazlo siempre cierto.
Cambia mi corazón, oh Dios; que pueda ser como Tú.
Tú eres el alfarero, yo soy el barro;

Moldéame y hazme. Esto es lo que rezo.

Letra de Eddie Espinosa

CAPÍTULO 16

EL PERDÓN

Una persona adicta hará y dirá cosas que son extremadamente hirientes, más allá de lo que jamás hubiera imaginado. Puede llegar a un punto en el que sienta tanto dolor que no quiera tener nada que ver con su hijo. El pensamiento del perdón puede parecer más allá del ámbito de la posibilidad.

¿El perdón significa que aceptas su comportamiento? ¿Significa que le acoges y permites que tu hijo te siga lastimando a diario? ¿Tu hijo tiene que pedir perdón para que tú lo perdones?

Perdonar no significa tolerar un comportamiento dañino e hiriente. Hay una diferencia entre establecer límites y guardar rencores. Es posible que su hijo nunca llegue al lugar en el que esté lo suficientemente sano como para reconocer lo que ha hecho. Aprender a perdonar ante la falta de arrepentimiento es por su salud, no por la de su hijo. Cuando se aferra a la amargura, envenena su alma y la aprisiona tras las rejas de la falta de perdón que destruyen su paz, alegría y amor; también puede afectar otras relaciones en su vida.

¿Cuáles son las razones para perdonar?

1. Dios nos perdonó. 1 Juan 1:9 dice,

    Si confesamos nuestros pecados, Él es fiel
    y justo para perdonar nuestros pecados
    y limpiarnos de toda maldad.

    Nos pide que perdonemos a los que nos hacen mal, así como Él nos perdona.

2. El perdón nos libera del pasado y nos permite amar el desagradable.

3. El perdón permite la posibilidad de reconciliación si su hijo se arrepiente.

4. El perdón evita que nuestros corazones sean destruidos por el comportamiento de otra persona, aunque no aprobemos ese comportamiento.

5. El perdón viene de la humildad. Creemos que tenemos derecho a que se nos trate de determinada manera y, cuando eso se viola, creemos que tenemos derecho a que se haga justicia. El mal que se nos ha hecho a nosotros realmente se le ha hecho a Dios. David, en el Salmo 51, dice *contra ti y contra ti solo he pecado*. Cuando sentimos falta de perdón, hacemos de la persona que nos ha hecho daño un ídolo.

Colosenses 3:12-13 dice:

> *Vestíos, pues, como escogidos de Dios, santos y amados, de corazones compasivos, de bondad, de humildad, de mansedumbre y de paciencia, soportándoos unos a otros, perdonándoos unos a otros; como el Señor os ha perdonado, así también vosotros debéis perdonar.*

Hay una diferencia entre el perdón y la reconciliación. Una de las definiciones de reconciliación es restaurar la amistad o la armonía. La reconciliación puede ocurrir cuando las personas reconocen que lo han lastimado, se disculpan por su comportamiento y toman medidas que demuestran que son sinceros acerca del cambio.

Una vez que hemos perdonado (que puede ser un proceso a lo largo del tiempo), podemos amar y aceptar verdaderamente a nuestros hijos justo donde están. Eso no significa que aceptemos el mal comportamiento, sino que aceptamos las personas que Dios hizo que nuestros hijos fueran.

Mary Ann Kiernan, en el libro *Cruzando el Jordán* , dice:

> *Cuando te niegas a perdonar, le das poder sobre tu vida a otra persona. Las cadenas de falta de perdón te atan y afectan todas las áreas de tu vida, emocional, física y espiritualmente.*

¿Quieres ser libre? La decisión es tuya.

PREGUNTAS:

1. ¿Cuáles son algunos ejemplos de cosas que le han resultado difíciles de perdonar en relación con la adicción de su hijo? ¿Hay algo que su hijo haya hecho que usted sienta que es imperdonable?

2. Tony Robbins dijo: *El perdón es un regalo que te das a ti mismo* .
¿Está de acuerdo o en desacuerdo? ¿Por qué o por qué no?

3. Si perdono a mi hijo, ¿significa eso que le estoy permitiendo continuar con la adicción? ¿Por qué o por qué no?

4. ¿Perdonar a alguien significa que él o ella no tiene que sentir las consecuencias de sus elecciones?

5. A nivel práctico, ¿cuál es la diferencia entre el perdón y la reconciliación?

6. ¿Hay alguien más en tu vida a quien necesites perdonar? Si es así, ¿qué te impide perdonar a esa persona?

ORACIÓN:

Padre, me has perdonado tanto y, sin embargo, muchas veces me aferro a la falta de perdón hacia otras personas que me han herido. Por favor, ayúdame a perdonar como Tú perdonas, y que como resultado experimente la libertad de amar a esa persona.

CAPÍTULO 17

CUIDADO DEL CUERPO

Fuimos diseñados por Dios para tener tres partes: cuerpo, alma y espíritu (I Tes. 5:23). Nuestro espíritu es la parte de nosotros que se relaciona con Dios. Nuestra alma, el asiento de nuestra personalidad, se compone de nuestra mente, voluntad y emociones. Nuestros cuerpos fueron diseñados para ser nuestro *traje de tierra* , como lo llama Bill Gillham en su libro *Garantia de por Vida*. Es la parte de nosotros que interactúa con el mundo que nos rodea.

Cuando tratamos con un hijo en adicción, nuestros cuerpos sienten el efecto del estrés. El estrés a largo plazo tiene un efecto muy negativo en nuestro cuerpo.

WebMD.com dice,

> *El estrés que continúa sin alivio puede conducir a una condición llamada angustia, una reacción de estrés negativa. La angustia puede provocar síntomas físicos que incluyen dolores de cabeza, malestar*

estomacal, presión arterial elevada, dolor en el pecho y problemas para dormir. La investigación también sugiere que el estrés puede provocar o empeorar ciertos síntomas o enfermedades.

El estrés, aunque no es la única causa de ninguno de estos problemas, se ha relacionado con trastornos de la piel, artritis, reflujo ácido y asma, así como con trastornos emocionales como la depresión y la ansiedad.

Para que el estrés tenga el menor impacto negativo en nuestros trajes terrestres, es importante que proporcionemos una base sólida para nuestra función física. Cuando era niña, había un anuncio de Wonder Bread que afirmaba *construir cuerpos fuertes de 12 maneras.* Hay formas en que podemos construir cuerpos fuertes para resistir los efectos del estrés.

Nutrición: hay tanta información sobre lo que debemos comer y cuánto comemos y cuándo lo comemos, hasta el punto en que se vuelve abrumador. Los pilares de una buena nutrición son comer alimentos bajos en grasas y azúcares, alimentos procesados limitados, porciones moderadas, varias comidas pequeñas al día, hidratación suficiente con agua y porciones generosas de frutas y verduras. Es muy importante eliminar o limitar estrictamente los refrescos de su dieta, ya que los efectos nocivos del consumo de refrescos, incluidos los refrescos de dieta, están bien documentados.

Ejercicio: el ejercicio no solo desarrolla la fuerza y la resistencia del cuerpo, sino que proporciona liberación emocional, cambios de humor positivos y mejores patrones de sueño. Algo tan simple como una caminata de 20 minutos puede marcar una gran diferencia.

Descanso/Dormir—Permitir suficiente tiempo en su horario para un sueño saludable hace una gran diferencia en el manejo del estrés. Es más probable que actuemos en lugar de reaccionar cuando estamos descansados. Los estudios muestran que el sueño es extremadamente importante para la salud en general, pero a menudo se descuida. Es importante tener un día de descanso y relajación cada semana. Dios diseñó nuestros cuerpos para que funcionen mejor cuando tenemos un día que no está lleno de trabajo. Las mamás a menudo no son buenas para tomarse el tiempo necesario para refrescarse. Mateo 11:28,30 dice:

> *Venid a mí todos los que estáis trabajados y cargados, y yo os haré descansar. Llevad Mi yugo sobre vosotros y aprended de Mí, que soy manso y humilde de corazón, y encontraréis descanso para vuestras almas. Porque Mi yugo es fácil y Mi carga es ligera.*

Debido a que el estrés afecta nuestro cuerpo y alma, es importante desarrollar técnicas de manejo que puedan ayudarnos a lidiar con el estrés de manera positiva, tales como:

- Alabanza, oración y meditación—Encontrar fuerza, soledad y serenidad a través de la meditación en la

Palabra de Dios, orar por cada detalle de nuestra vida, leer y memorizar las Escrituras y alabar a Dios sin importar lo que suceda enfoca nuestras mentes en Dios y no en nuestras circunstancias. Isaías 26:3 dice,

Tú guardarás en perfecta paz a (ella) cuyo pensamiento en Ti persevera, porque (ella) confía en Ti.

- Relajación: puede ser leer un buen libro, ir a la playa o a la piscina, escuchar música o ver un buen programa de televisión que no sea estresante.
- Recreación/pasatiempo–Encuentre algo que le guste hacer o desarrolle aún más una habilidad que ya tiene.
- Recibir apoyo emocional de amigos, familiares y un grupo de apoyo. Encontrar personas con las que pueda ser transparente y en desarrollo, como dice Jeff Van Vonderan, las relaciones *llenas de gracia* son componentes clave para aliviar el estrés. Las relaciones llenas de gracia brindan una atmósfera de seguridad y transparencia y le permiten saber que no está solo en este viaje.
- Necesitamos una conexión con un cuerpo de creyentes solidarios y compasivos en una iglesia para alentar nuestra relación de amor con Dios. La alabanza, la adoración, la enseñanza y el compañerismo transparente tienen el beneficio adicional de aliviar la monotonía del estrés y elevarnos más allá de nuestra situación.

PREGUNTAS:

1. ¿Cuáles son algunas formas negativas en que el estrés relacionado con la adicción de su hijo ha afectado su cuerpo?

2. ¿Cuáles son algunos cambios que puede hacer en la forma en que trata con estrés?

3. ¿Cómo es vital la transparencia en las relaciones para aliviar el estrés?

ORACIÓN:

Padre, sé que no siempre cuido mi cuerpo como Tú quisieras. Te pido que me ayudes a tomar las decisiones correctas para cuidar este cuerpo que me has dado.

CAPÍTULO 18

CUIDADO DEL ESPÍRITU

¿Alguna vez se paró afuera en una noche despejada y oscura de invierno y miró las miles de millones de estrellas sobre usted? ¿Cómo se sintió? (además de frío)? ¿Pequeño, insignificante, como si no pudiera importar en el gran esquema de las cosas? O puede que haya visto una montaña imponente y se haya sentido como una hormiga en comparación. ¿Cómo podría el Dios que creó las multitudes de estrellas y la inmensidad de las montañas preocuparse por mí y mis problemas? Con todos los miles de millones de personas en la tierra y todos los que han vivido antes que nosotros, ¿por qué Dios se daría cuenta de lo que estoy pasando?

La verdad es que el Dios del Universo, Creador de lo majestuoso y lo complejo, lo diseñó para ser Su hijo, para estar en una relación amorosa e íntima con Él. Salmo 139: 15,16 dice:

No os fue ocultado mi cuerpo, cuando estaba siendo hecho en secreto, entretejido en las profundidades de la tierra. Tus ojos vieron mi sustancia informe; en tu libro estaban escritos, cada uno de ellos, los días que me fueron formados, cuando aún no había ninguno de ellos.

Dios nos creó para tener tres partes que hacen que cada uno de nosotros sea único. Tenemos un cuerpo, que se relaciona con el mundo que nos rodea. Tenemos un alma, hecha de nuestra mente, voluntad y emociones. y tenemos un espíritu, que es la parte de nosotros hecha para relacionarnos con Dios. Porque nuestra composición genética vino originalmente de Adán y Eva, y porque eligieron destruir el mundo perfecto en el que vivían al desobedecer a Dios en lo único que Él les pidió que no hicieran, nuestros espíritus murieron en el Jardín del Edén. ¡Pero aquí están las buenas noticias! Dios no había terminado con los humanos en ese entonces y no ha terminado con nosotros ahora. Él envió a Su Hijo, Jesús, a vivir en esta tierra, para ser brutalmente torturado y asesinado, y resucitar de entre los muertos para que pudiéramos tener nuevos espíritus. Él pagó el precio de nuestro pecado para que podamos tener una relación íntima y amorosa, una relación espiritual, con el Dios del universo. Lea Romanos 6:23.

¿Cuál es nuestra parte en todo esto? A todos se nos ha ofrecido un regalo: no más castigo por nuestro pecado, una relación amorosa con nuestro Abba (Papá) y la vida eterna. Pero nada de eso es posible hasta que recibimos el regalo. Alguien podría comprarnos el regalo de Navidad más increíble, envolverlo bellamente y poner nuestro nombre en la etiqueta, pero hasta que lo reclamemos como nuestro, no nos servirá de nada. Dios está esperando que aceptes Su regalo, sin importar quién seas o lo que hayas hecho. Cuando recibes a Jesús como tu Salvador y tu Señor, tu identidad ahora es "Hija de Dios, Princesa del Altísimo".

Se dice que cuando John F. Kennedy era presidente de los Estados Unidos, la nación más poderosa del mundo, sus días estaban llenos de mucha gente importante que deseaba su tiempo. Sin embargo, su hijo, John-John, podía entrar corriendo al Despacho Oval y subirse al regazo de su papá cuando quisiera. Tenía una relación especial con el hombre más poderoso del mundo que le permitía un acceso instantáneo. Eso es lo que Dios te ofrece. ¿Suena bien?

Puede que ya tengas una relación con Dios, pero sientas que Él te ha abandonado en un momento de terrible dolor. Es posible que hayas orado y orado para que tu hijo deje de hacer las cosas que son tan destructivas, pero hasta ahora no has visto una respuesta. La verdad es que Dios permite que el dolor en nuestras vidas *nos acerque a Cristo.* Él permite que todo lo que hemos hecho un ídolo en nuestra vida sea quitado para que aprendamos que Él es todo lo que necesitamos. Dios nos creó para tener una relación de amor con Él. Se preocupa por cada detalle íntimo de tu vida. Nuestro trabajo es entregarlo todo para poder ganarlo todo: paz, gozo, amor incondicional, satisfacción y una relación con Dios que nada puede romper. Entonces somos libres de amar a nuestro hijo hasta la vida.

PREGUNTAS:

1. La decisión más importante que puedes tomar es recibir a Jesús como tu Señor y Salvador. ¿Cómo se relaciona esa decisión con los problemas que estás teniendo con un hijo adicto?

2. Lea 2 Corintios 5:14,15,21. ¿Qué dicen esos versos? ¿Qué significan para ti?

3. Lea Romanos 8:32. ¿La promesa de que Dios nos *dará gratuitamente todas las cosas* significa necesariamente que nuestros hijos encontrarán la libertad de la adicción?

ORACIÓN:

Padre, sé que hago un lío y peco aun cuando no quiero. Recibo el regalo de tu Hijo, Jesús, como mi Salvador y Señor y te doy todo lo que soy, pasado, presente y futuro. Gracias por salvarme y por darme un nuevo espíritu para que pueda vivir contigo para siempre.

CAPÍTULO 19

CUIDADO DEL ALMA

Cuando recibimos a Jesús como Señor y Salvador, recibimos el regalo de un espíritu completamente nuevo y vida eterna en una relación de amor con Dios. Tenemos al Espíritu Santo viviendo en nosotros como nuestro guía, amigo, consolador y consejero.

Imagina un melocotón: el hueso (semilla), que representa la vida, está en el centro de la fruta, así como tu espíritu está en el centro de tu ser. Alrededor de la semilla está la pulpa del melocotón, que equivale a nuestra alma. El alma está formada por nuestra mente, voluntad y emociones y es la parte de nosotros que se relaciona con otras personas. La piel del melocotón representa el cuerpo físico. Las tres secciones se afectan entre sí. El espíritu se relaciona con Dios y es la fuente de paz y alegría en nuestras vidas. El alma es el principal campo de batalla, porque el enemigo, Satanás, no quiere que mostremos la belleza y dulzura de la vida en el espíritu. Él preferiría que seamos duros, amargos, harinosos o llenos de agujeros de gusano. A pesar de que tenemos una nueva vida en nosotros, todavía nos aferramos a esos viejos patrones de lo que llamamos 'carne': ira, egocentrismo, culpa, complacer a las personas, preocupación, miedo, culpa, inseguridad, duda o sentimientos de inferioridad. Tratamos de ser buenas madres, buenas esposas, buenas hijas, buenas trabajadoras, incluso buenas trabajadoras de la iglesia. Tratamos de evitar que nuestros hijos tomen decisiones equivocadas y tratamos de controlarlos cuando lo hacen. Intentamos y tratamos y tratamos. y todo el tiempo Dios nos dice: "Deja de intentarlo y comienza a confiar". Es solo cuando estamos quebrantados que Dios puede obrar en nosotros.

Es en la entrega de absolutamente todo en nuestra vida que Su paz, Su alegría y Su amor pueden brillar en nuestra alma. Dios usa circunstancias difíciles para acercarnos a Cristo'. Quebrantamiento

suena como algo malo, pero es la puerta de entrada a la vida real. Sólo cuando renuncio a reclamar mis derechos sobre mí mismo, la vida real puede comenzar.

¿Significa esto que todo en la vida será 'melocotón' y que nuestros hijos de repente dejarán de ser adictos y harán lo correcto? Sería maravilloso si eso sucediera, pero no cuentes con ello. Necesitan llegar a su propio punto de quebrantamiento; no podemos obligarlos a llegar allí. Lo que necesitan desesperadamente es ver a una mamá que ha entregado todo a Dios y que está permitiendo que brille en ella la belleza de un espíritu nuevo, el espíritu de vida en Cristo Jesús. Necesitan una mamá cuya identidad esté en Cristo y no en sus hijos. Necesitan una mamá que sea consistente en amar y perdonar sin habilitar.

PREGUNTAS:

1. Complacer a la gente es un problema muy común entre las personas que tratan con un adicto. ¿Por qué cree que esto es un problema?

2. ¿Qué otros patrones de carne enumerados en el segundo párrafo has experimentado? ¿Cómo te han afectado? ¿Cómo han afectado a otras personas en tu vida?

3. ¿Por qué es importante que una madre que trata con un hijo adicto sea saludable en todas las áreas de su vida?

ORACIÓN:

Padre, sé que el enemigo quiere que me quede en los viejos patrones de la carne en lugar de permitir que la belleza de Jesús viva a través de mí. La mayor parte del tiempo, lo que hago se ve bien para los demás, pero en realidad se trata de mí. Renuncio a reclamar mi derecho a mí mismo para que Tú puedas vivir Tu vida a través de mí.

APÉNDICE

La Carta de Amor del Padre 96

Lista de Verificación de Codependencia . . . 101

Testimonios 103

Cómo Iniciar un Grupo de Apoyo
Love Them to Life 121

Lectura Recomendada 123

Recursos 125

Sobre la Autora 127

Notas Finales 129

My Child...

You may not know me, but I know everything about you. Psalm 139:1   I know when you sit down and when you rise up. Psalm 139:2   I am familiar with all your ways. Psalm 139:3   Even the very hairs on your head are numbered. Matthew 10:29-31   For you were made in my image. Genesis 1:27   In me you live and move and have your being. Acts 17:28   For you are my offspring. Acts 17:28   I knew you even before you were conceived. Jeremiah 1:4-5   I chose you when I planned creation. Ephesians 1:11-12   You were not a mistake, for all your days are written in my book. Psalm 139:15-16   I determined the exact time of your birth and where you would live. Acts 17:26   You are fearfully and wonderfully made. Psalm 139:14   I knit you together in your mother's womb. Psalm 139:13   And brought you forth on the day you were born. Psalm 71:6   I have been misrepresented by those who don't know me. John 8:41-44   I am not distant and angry, but am the complete expression of love. 1 John 4:16   And it is my desire to lavish my love on you. 1 John 3:1   Simply because you are my child and I am your Father. 1 John 3:1   I offer you more than your earthly father ever could. Matthew 7:11   For I am the perfect father. Matthew 5:48   Every good gift that you receive comes from my hand. James 1:17   For I am your provider and I meet all your needs. Matthew 6:31-33   My plan for your future has always been filled with hope. Jeremiah 29:11   Because I love you with an everlasting love. Jeremiah 31:3   My thoughts toward you are countless as the sand on the seashore. Psalms 139:17-18   And I rejoice over you with singing. Zephaniah 3:17   I will never stop doing good to you. Jeremiah 32:40   For you are my treasured possession. Exodus 19:5   I desire to establish you with all my heart and all my soul. Jeremiah 32:41   And I want to show you great and marvelous things. Jeremiah 33:3   If you seek me with all your heart, you will find me. Deuteronomy 4:29   Delight in me and I will give you the desires of your heart. Psalm 37:4   For it is I who gave you those desires. Philippians 2:13   I am able to do more for you than you could possibly imagine. Ephesians 3:20   For I am your greatest encourager. 2 Thessalonians 2:16-17   I am also the Father who comforts you in all your troubles. 2 Corinthians 1:3-4   When you are brokenhearted, I am close to you. Psalm 34:18   As a shepherd carries a lamb, I have carried you close to my heart. Isaiah 40:11   One day I will wipe away every tear from your eyes. Revelation 21:3-4   And I'll take away all the pain you have suffered on this earth. Revelation 21:3-4   I am your Father, and I love you even as I love my son, Jesus. John 17:23   For in Jesus, my love for you is revealed. John 17:26   He is the exact representation of my being. Hebrews 1:3   He came to demonstrate that I am for you, not against you. Romans 8:31   And to tell you that I am not counting your sins. 2 Corinthians 5:18-19   Jesus died so that you and I could be reconciled. 2 Corinthians 5:18-19   His death was the ultimate expression of my love for you. 1 John 4:10   I gave up everything I loved that I might gain your love. Romans 8:31-32   If you receive the gift of my son Jesus, you receive me. 1 John 2:23   And nothing will ever separate you from my love again. Romans 8:38-39   Come home and I'll throw the biggest party heaven has ever seen. Luke 15:7   I have always been Father, and will always be Father. Ephesians 3:14-15   My question is...Will you be my child? John 1:12-13   I am waiting for you. Luke 15:11-32

Love, Your Dad

Almighty God

* Words paraphrased from the Holy Bible ©1999-2008 FathersLoveLetter.com

MI HIJO,

Puede ser que tú no me conozcas, pero Yo conozco todo sobre ti. (Salmos 139:1)

Yo sé cuando te sientas y cuando te levantas. (Salmos 139:2)

Todos tus caminos me son conocidos. (Salmos 139:3)

Aun todos los pelos de tu cabeza están contados. (Mateo 10:29-31)

Porque tú has sido hecho a mi imagen. (Génesis 1:27)

En mí tú vives, te mueves y eres. (Hechos 17:28)

Porque tú eres mi descendencia. (Hechos 17:28)

Te conocí aun antes de que fueras concebido. (Jeremías 1:4-5)

Yo te escogí cuando planeé la creación. (Efesios 1:11-12)

Tú no fuiste un error, porque todos tus días están escritos en mi libro. (Salmos 139:15-16)

Yo he determinado el tiempo exacto de tu nacimiento y donde vivirías. (Hechos 17:26)

Tú has sido creado de forma maravillosa. (Salmos 139:14)

Yo te formé en el vientre de tu madre. (Salmos 139:13)

Yo te saqué del vientre de tu madre el día en que naciste. (Salmos 71:6)

Yo he sido mal representado por aquellos que no me conocen. (Juan 8:41-44)

Yo no estoy enojado y distante, soy la manifestación perfecta del amor. (1 Juan 4:16)

Y es mi deseo gastar mi amor en ti simplemente porque tú eres mi hijo y Yo tu padre. (1 Juan 3:1)

Y es mi deseo gastar mi amor en ti simplemente porque tú eres mi hijo y Yo tu padre. (1 Juan 3:1)

Te ofrezco mucho más que lo que tu padre terrenal podría darte. (Mateo 7:11)

Porque Yo soy el Padre Perfecto. (Mateo 5:48)

Cada dádiva que tú recibes viene de mis manos. (Santiago 1:17)

Porque Yo soy tu proveedor quien suple tus necesidades. (Mateo 6:31-33)

El plan que tengo para tu futuro está siempre lleno de esperanza. (Jeremías 29:11)

Porque Yo te amo con amor eterno. (Jeremías 31:3)

Mis pensamientos sobre ti son incontables como la arena en la orilla del mar. (Salmos 139:17-18)

Me regocijo sobre ti con cánticos. (Sofonías 3:17)

Yo nunca pararé de hacerte bien. (Jeremías 32:40)

Porque tú eres mi tesoro más precioso. (Éxodo 19:5)

Yo deseo afirmarte dándote todo mi corazón y toda mi alma. (Jeremías 32:41)

Y Yo quiero mostrarte cosas grandes y maravillosas. (Jeremías 33:3)

Si me buscas con todo tu corazón, me encontrarás. (Deuteronomio 4:29)

Deléitate en Mí y te concederé las peticiones de tu corazón. (Salmos 37:4)

Porque Yo soy el que produce tus deseos. (Filipenses 2:13)

Yo puedo hacer por ti mucho más de lo que tú podrías imaginar (Efesios 3:20)

Porque Yo soy tu mayor alentador. (2 Tesalonicenses 2:16-17)

Yo también soy el Padre que te consuela durante todos tus problemas. (2 Corintios 1:3-4)

Cuando tu corazón está quebrantado, Yo estoy cerca a ti. (Salmos 34:18)

Así como el pastor carga a un cordero, Yo te cargo a ti cerca de mi corazón. (Isaías 40:11)

Un día Yo te enjugaré cada lágrima de tus ojos y quitaré todo el dolor que hayas sufrido en esta tierra. (Apocalipsis 21:3-4)

Yo soy tu Padre, y te he amado como a mi hijo, Jesús. (Juan 17:23)

Porque en Jesús, mi amor hacía ti ha sido revelado. (Juan 17:26)

Él es la representación exacta de lo que Yo soy. (Hebreos 1:3)

Él ha venido a demostrar que Yo estoy contigo, no contra ti. (Romanos 8:31)

Y también a decirte que Yo no estaré contando tus pecados.
(2 Corintios 5:18-19)

Porque Jesús se murió para que tú y Yo pudieramos ser
reconciliados. (2 Corintios 5:18-19)

Su muerte ha sido la última expresión de mi amor hacía ti.
(1 Juan 4:10)

Por mi amor hacía ti haré cualquier cosa que gane tu amor
(Romanos 8:31-32)

Si tú recibes el regalo de mi Hijo Jesús, tú me recibes
a Mí. (1 Juan 2:23)

Y ninguna cosa te podrá a ti separar otra vez de mi
amor. (Romanos 8:38-39)

Vuelve a casa y participa de la mayor fiesta celestial que nunca
has visto. (Lucas 15:7)

Yo siempre he sido Padre, y por siempre seré
Padre. (Efesios 3:14-15)

La pregunta es… ¿quieres tú ser mi hijo? (Juan 1:12-13)

Yo estoy esperando por ti. (Lucas 15:11-32)

CON AMOR,.
TÚ PADRE OMNIPOTENTE DIOS

*Carta de amor del Padre usada con el permiso de Father Heart
Communications*

©1999 FathersLoveLetter.com

LISTA DE VERIFICACIÓN DE CODEPENDENCIA

Esta lista de verificación fue compilada por Melody Beattie, autora de
No Más Codependientes.

- ¿Se siente responsable de otras personas, de sus sentimientos, pensamientos, acciones, elecciones, deseos, necesidades, bienestar y destino?
- ¿Se siente obligado a ayudar a las personas a resolver sus problemas? O tratando de cuidar sus sentimientos?
- ¿Le resulta más fácil sentir y expresar ira por las injusticias cometidas contra otros que por las injusticias cometidas contra usted?
- ¿Se siente más seguro y cómodo cuando está
- dando a los demás?
- ¿Se siente inseguro y culpable cuando alguien le da algo a
- usted?
- ¿Se siente vacío, aburrido e inútil si no tiene a alguien más a quien cuidar, un problema que resolver o una crisis con la que lidiar?

- ¿A menudo no puede dejar de hablar, pensar y preocuparse por otras personas y sus problemas?
- ¿Pierde interés en su propia vida cuando está enamorado?
- ¿Permanece en relaciones que no funcionan y tolera el abuso para que la gente siga amándole?
- ¿Deja malas relaciones sólo para formar otras nuevas que tampoco funcionan?

TESTIMONIOS

LA HISTORIA DE M

En algún momento alrededor del 1992, mi mundo comenzó a desmoronarse. Mi matrimonio estaba en los pozos y mis hijos adolescentes estaban fuera de control. Estaban usando drogas y alcohol, fallando en la escuela y se habían convertido en extraños para mí. Todo lo que podía pensar era: "¿Cómo llegué a este lugar? ¿Por qué me estaba pasando esto a mí? Era egoísta, estaba deprimida, enojada y sin esperanza. La olla de lástima fue donde hice mi hogar.

En 1992, no podía haber imaginado, ni en mis sueños más locos, que la adicción que parecía estar destruyendo la vida de mis hijos sería lo que me salvaría a mí, a mi matrimonio y a mi familia. Con el tiempo, llegué a comprender que Dios usaría la adicción para abrir mis ojos a la Verdad, Su Verdad... pero esto tomaría otros seis largos años. Dios llamará nuestra atención de una forma u otra. Había estado ignorando Su dirección en mi vida durante años. Jesus dijo

*Nadie puede venir a mí si el Padre que me
envió no lo atrae... Juan 6:44.*

¡Él estaba llamando mi atención ahora! Tenía tanto miedo que apenas podía funcionar y lloraba la mayor parte del día. En mis pensamientos desesperados, vi solo tres posibilidades:

1. Mis hijos morirían de una sobredosis.
2. Se matarían a sí mismos o a alguien más en un accidente automovilístico.
3. Terminarían en la cárcel.

Verás, había perdido toda esperanza de que alguna vez estuvieran libres de la adicción.

No crecí en un hogar cristiano. Mi mamá era ortodoxa rusa y mi papá luterano. Mis hermanos mayores y yo fuimos criados en la Iglesia Luterana. De vez en cuando hablábamos de Dios en casa, pero la 'religión' y Dios eran más una tradición que cualquier otra cosa. Para mí, la iglesia, Dios y Jesús estaban separados del mundo 'real'. Todo parecía más un mito que un hecho. En la iglesia, nunca escuché acerca de una 'relación con Jesús', que necesitaba nacer de nuevo, o exactamente lo que eso significaba. Para cuando me casé y tuve a mis hijos, mi asistencia a la iglesia se había vuelto cada vez menos frecuente. Cuando tenía 35 años, arrastraba a mi familia a la iglesia para Navidad y Semana Santa solo para 'hacer lo correcto'.

En 1991, mi papá de 81 años estaba en el hospital y se estaba muriendo. Después de tres días de estar junto a su cama y llorar constantemente, estaba agotada, exhausta y no tenía nada más para dar. Mi mamá y tres hermanas estaban en peor estado que yo. Salí de su habitación del hospital, me resbalé en el suelo y clamé a Dios que me ayudara a estar allí para mi papá, que me diera la fuerza que no tenía para superar este momento difícil y que me ayudara a hacer lo que había que hacer en los días venideros. Aunque yo no era creyente en ese momento, creo que Dios contestó mi oración. Tan claro e instantáneo como una campana, sentí que todo mi miedo, ansiedad y dolor abrumador se disiparon. Me puse de pie, entré para estar con mi papá y me hice cargo de todo lo que estaba pasando en ese momento e incluso después de su muerte. Creo que Dios contestó mi oración porque estaba tratando de llamar mi atención para atraerme hacia Él. Desafortunadamente, tendría que pasar por muchas más pruebas hasta que finalmente le entregué mi vida.

Después de la muerte de mi papá, todo cambió en mi vida. Mis padres eran inmigrantes mayores de Ucrania. Mi mamá tenía muy poca educación, hablaba muy poco inglés, no conducía y no podía vivir sola. John y yo vendimos nuestra casa, construimo habitaciones adicionales en su casa y mudé a nuestra familia allí. Perdí mi hogar, mi libertad, mi privacidad y, básicamente, volví a ser la 'niña pequeña' de mamá. Nuestra relación madre/hija se deterioró y se volvió volátil. A los dos años de mudarnos, John y Daniel estaban bien encaminados hacia el mundo de las drogas y mi matrimonio estaba llegando a su punto más bajo.

Para cuando llegó el otoño del 1994, no pensé que las cosas pudieran ser mucho peores, a pesar de que mi hijo menor Daniel (16 en ese momento) estaba ingresando a una rehabilitación secular de 28 días. Un gran cartel nos dio la bienvenida cuando lo dejamos; decía: "Espera un milagro". Pero ningún milagro se encontraba allí. Oh... ¡Dios definitivamente me estaba llamando la atención! Sabía que necesitaba a Dios en mi vida y eso era todo lo que sabía en ese momento.

Una nueva amiga mía me invitó a su iglesia. Esta iglesia era cálida y amistosa. Un pequeño grupo de creyentes nacidos de nuevo me tomó 'bajo sus alas'. No sabían nada acerca de la adicción y no podían darme ninguna ayuda o dirección al respecto. Lo que hicieron fue invitarme a la escuela dominical de adultos, un estudio bíblico, amarme y orar por mi familia y por mí... ¡Oh, cómo oraron! Lentamente comencé a ver que el profundo agujero abierto en mi corazón solo podía ser llenado por Dios. Estaba empezando a entender lo que significaba una relación con Cristo. ¡Esos 'creyentes nacidos de nuevo' no eran unos locos golpeadores de la Biblia con florecitas en sus manos! Estaba aprendiendo y creciendo.

No fue sino hasta marzo del 1998, cuando Daniel ingresó a la Colonia de la Misericordia y yo comencé a asistir a los servicios de la capilla (los domingos por la noche, los miércoles por la noche y, en ese entonces, el servicio de los viernes por la noche) que realmente 'escuché' lo que necesitaba "hacer" para estar bien con Dios y pedirle a Cristo que entrara en mi corazón. Seguía pensando que tenía que arreglar mi vida, limpiar mi propio acto, por así decirlo, antes de poder pedirle a un Salvador justo y santo que entrara en mi corazón. Pero la voz atronadora de Jerry Rusco seguía resonando en mis oídos que no había nada que pudiera hacer para ganarme la salvación. No había nada que pudiera hacer para cambiar mi vida con mi propia fuerza de voluntad. Necesitaba reconocer mi condición pecaminosa, confesar, arrepentirme y aceptar a Cristo como mi Salvador.... Él se encargaría del resto.

En mis estudios bíblicos estaba aprendiendo mucho sobre mí misma, el matrimonio y sobre confiar en Dios en medio de las pruebas. Incluso estaba aprendiendo algo muy profundo... NO tenía el control... ni de mi matrimonio, ni de la sobriedad de mis hijos, ¡y ciertamente ni siquiera de mí misma! Todo lo que leía en la Palabra de Dios me decía que mis problemas comenzaron conmigo. Necesitaba cambiar mi corazón y mi comportamiento y dejar de intentar cambiar a John, a mis hijos y a todos los demás. El libro de Efesios estaba teniendo un gran impacto en mi corazón.

> *Se te enseñó, con respecto a tu forma de vida anterior, a despojarte de tu viejo yo, que está siendo corrompido por sus deseos engañosos; ser renovados en la actitud de vuestras mentes; y revestirse del nuevo hombre, creado a semejanza de Dios en la justicia y santidad de la verdad* (Efesios 4:22-24)

En lugar de tratar de cambiar a todos los demás, yo era la que necesitaba cambiar.

Dios me estaba pidiendo que le entregara todo a Él... mi matrimonio roto, mi familia rota, mi relación rota con mi mamá y la adicción de mis hijos.

Daniel se graduó de la Colonia de la Misericordia el 4 de julio de 1998. Tenía muchas esperanzas. Dentro de un mes, estaba usando de nuevo, fuera de control, y yo estaba devastada. Teníamos entradas para el Teatro Sight and Sound para ver a *Noah* en octubre de 1998. Mientras Daniel estaba en el Colony, insistió en que consiguiéramos entradas para toda la familia. Una vez más tenía grandes esperanzas. Seguramente esto 'lo traería a sus sentidos y tendría un impacto en nuestro otro hijo'. El día estuvo lleno de ansiedad y lágrimas hasta que me senté en el teatro. Cuando salí de ese teatro... ¡Salí como una nueva creación en Cristo! Al final de *Noé* , Cristo descendió de los 'cielos' con los brazos abiertos. Estaba tan abrumada por la emoción que finalmente entendí que no podía hacer nada para limpiar mi corazón; ese era Su trabajo.

Yo no podía 'arreglar' mi matrimonio y amar a mi esposo, pero Cristo podía hacerlo a través de mí. Mi relación con mi mamá podría ser 'arreglada' solo por Cristo. No pude 'arreglar' a mis hijos; solo Cristo podía salvarlos, y estaban en sus manos amorosas. Finalmente 'lo entendí': confesé, me arrepentí y acepté a Jesús como mi Salvador. Me encantaría decirle que Dios lo reparó todo... al instante. Pero esa no es la forma en que sucedió. Primero fui hecha una nueva creación en Cristo. Segundo, mi matrimonio renació en noviembre de 1998. Daniel volvió a entrar a la Colonia en agosto de 2000 y desde entonces ha estado caminando con el Señor en victoria. Justo antes de la muerte de mi mamá en 2002, pudimos hacer las paces entre nosotras. Muchas oraciones sin respuesta todavía se elevan en fe.

Dios había intentado muchas maneras de llamar mi atención... la adicción me llamó la atención y ahora, todos estos años después, estoy agradecida por ello, porque Dios lo ha usado de una manera poderosa en la vida de mi familia. ¡Dios usó toda mi basura y la convirtió en un tesoro para mi bien y Su gloria!

Y sabemos que Dios dispone todas las cosas para el bien de los que le aman, los que han sido llamados conforme a su propósito (Romanos 8:28).

Puede parecer una locura para muchos, pero estoy agradecida porque sin ella quizás nunca hubiera llegado a conocer a Jesús como mi Salvador y me hubiera perdido todas Sus bendiciones para mi familia.

Alabado sea el Dios y Padre de nuestro Señor Jesucristo, Padre de compasión y Dios de todo consuelo, que nos consuela en todas nuestras tribulaciones, para que podamos consolar a los que están en cualquier aflicción con el consuelo que nosotros mismos hemos recibido de Dios. (2 Corintios 1:3,4)

Este versículo comenzó a hablar a mi corazón. Escuché a Dios decirme: "Oye, no te salvé para que te sentaras en un estante y te vieras bonita. Te salvé para que pudieras tocar la vida de los demás.

Consuélalos como yo los consolé a ustedes". Me sentí llamada a volver a la universidad (Universidad Bíblica de Filadelfia). Obtuve una licenciatura en Biblia y luego obtuve una Maestría en Consejería Cristiana. Dios en Su misericordia y gracia me trajo de regreso a Keswick en Estados Unidos en 2005. Siempre había sentido que parte de mi corazón todavía estaba aquí. Empecé como voluntaria en el Ministerio de la Mujer y ahora sirvo como personal de tiempo completo como coordinadora de admisión para la Colonia de la Misericordia. Tengo un corazón pesado por los hombres perdidos en la adicción y sus familias. Desde que mi hijo pasó por la Colonia, tengo un lugar especial en mi corazón para la Colonia y los hombres que llegan a su puerta. Es un privilegio y un honor ser usada por Dios de una manera pequeña en su camino hacia la recuperación y la liberación de la adicción. Todavía tengo que pellizcarme cuando estaciono en el largo camino de Keswick... Dios realmente te concede los deseos de tu corazón cuando lo buscas en obediencia. ¡Y todavía no ha terminado conmigo!

> *A Aquel que es poderoso para hacer muchísimo más de lo que pedimos o entendemos, según el poder que actúa en nosotros, a El sea la gloria en la iglesia y en Cristo Jesús por todas las generaciones (Efesios 3:20,21).*

Hasta aquí....el Señor me ha traído........

LA HISTORIA DE K

Mi hijo tenía 42 años cuando fue llamado a estar con Jesús. Fue adicto durante 20 años. Al principio, pensé que podía detener la adicción, era un FACILITADOR, ¡a lo grande! Puse excusas, di dinero y permití la falta de respeto. No sucedió de la noche a la mañana, pero con la ayuda de Dios comencé a 'dejar ir y dejar a Dios'. ¡Tuve que darme cuenta de que no lo causé, no puedo controlarlo y no puedo curar su adicción! Estaba fuera de mis manos y en las manos de Dios.

Me jubilé y me mudé a Nueva Jersey desde Nueva York, dejando a familiares y amigos, y poco a poco la paz llegó a mi vida. A través de Dios, encontré el Keswick de Estados Unidos y el Centro de Recuperación de Adicciones Colony of Mercy. Después de orar durante tres años, mi hijo finalmente solicitó la admisión a la Colonia de la Misericordia.

He aprendido PACIENCIA—Dios tiene un plan y obrará Sus milagros en Su tiempo.

Ahora que mi hijo ha fallecido, miro los años de agonía para él y para nuestra familia. Hubo cuatro rehabilitaciones (en vano), pérdida de empleo, autoestima y familia. El plan de Dios era que yo me mudara y encontrara a Keswick para que Chris se salvara.

El último año de la vida de Chris fue el más maravilloso. Era una persona cambiada y muy metida en la Biblia y la Palabra de Dios. Se relacionaba con los otros hombres de la Colonia. Dio su vida a Jesús y por medio de Él estaba trabajando para difundir la palabra acerca de su nueva vida en Cristo. Su sentido del humor, la risa y la personalidad estaban regresando. Todos los días doy gracias a Jesús por devolverme a mi hijo para que pudiera ver al hombre que se suponía que era.

Dios tenía un plan para llamar a Chris a casa cuando lo hizo. Chris ahora está en paz y espero con ansias el día en que nos volvamos a encontrar.

LAHISTORIA DE A

Mi historia: Elegir la esperanza, no el temor (de una ex-adicta)

De afuera mirando hacia adentro, yo era la niña linda que pertenecía a una gran familia feliz; todo fue perfecto, y todos estaban felices. Sin embargo, mirando en el interior, yo era un huracán que me destrozaba a mí misma, alejando a las personas que me amaban.

Crecí en un hogar donde yo era la menor de cinco hijos. El tener más de un niño significa competencia: competencia en talentos, deportes, lo académico y por atención. Nunca me sentí lo suficientemente buena. Pensé que tal vez haría lo que mi familia no hacía Esforzándome por ser diferente, no solo la hermana pequeña de tal y tal, hice todo lo que era diferente a lo que hacía mi familia. Yo hacía gimnasia, mientras que mis hermanas hacían ballet. Toqué la guitarra mientras mis hermanos aprendían piano.

Mi familia amaba a Dios, así que lo aparté de mi vida. Cuanto más excluía a Dios, más ciega me volvía. Vivía la vida como un conductor ebrio, pensando que estaba bien, pero estaba casi ciega. Mientras anhelaba y buscaba algo para satisfacer mi corazón, abrí mi corazón a cualquier cosa que pareciera prometedora. La depresión se abrió camino, trayendo consigo un trastorno alimentario y autolesiones para castigarme por no valer nada. Entré en varias relaciones abusivas, pero pensé que merecía lo que recibí, porque no valía nada. Lloré hasta dormirme la mayoría de las noches durante muchos años, deseando no despertar mañana.

Una noche, me caí de la cama y me lastimé el brazo. Aquí es donde encontré lo que creía que era la cura para la depresión, el dolor y las pesadillas. Creí que en este accidente encontré lo que me curaría y me haría sentir completa. Me dieron una receta para Percocet. Después de solo dos pastillas, las guardé, porque noté que cuando tomaba una pastilla, estaba feliz. No entendí por qué, pero decidí que el dolor en mi corazón era mucho peor que el dolor en mi brazo. Después de un tiempo con ese medicamento, pronto me gradué a oxycontin. Tuve períodos de uso de codeína, Vicodin y cocaína también. Increíblemente, después de dos años usando las pastillas, fumé marihuana por primera vez y le dije a mi amigo que nunca antes había estado drogada. Eso es lo que pasa con ser un drogadicto: había oído toda mi vida que los usuarios de drogas eran malas personas. Yo no era una mala persona; me dolía, este medicamento me hizo feliz y conocí a otras personas agradables que estaban tristes y tomaron el mismo medicamento que yo. En mi mente yo era una buena persona, no una drogadicta.

Me di cuenta de que los analgésicos no curarían la depresión. Ni la cocaína, ni el alcohol, ni las relaciones. Cada vez que me abría a alguien, me lastimaba, así que el amor obviamente no era la cura. Seguía vomitando mis comidas, haciéndome daño, tomando mis pastillas y bebiendo para dormir. Nada me hacía feliz y estaba harta de eso. Así que conduje a casa desde la escuela un día, con mi mente completamente decidida. Me fui sola y decidí suicidarme. Si el amor y las drogas no pudieron ayudarme, nada podría. Si realmente no valía nada, ¿por qué vivir otro segundo? Así que en silencio y con lágrimas en los ojos, me escapé del mundo. Me tomé todas las pastillas que me quedaban, y me fumé un porro, y luego fui a apuñalarme. Luego hubo pasos. Entonces un perro ladró. Una mujer y su perro empezaron a venir hacia mí. Avergonzada y aterrorizada de que supiera lo que estaba haciendo, salí disparada. Me subí a mi auto y lloré. Le grité a Dios hasta que mi garganta estaba demasiado adolorida para fumar otro cigarrillo, rogándole que me mostrara por qué todavía estaba viva.

La adicción causa más que una simple dependencia de una sustancia. Te hace vivir para nada ni para nadie más que tu píldora. Se convierte en tu enfoque, tu meta en la vida, tu premio. Pierdes tu sentido de orientación, porque te lleva a lugares en los que nunca pensaste que podrías terminar. La adicción te lleva a una bifurcación en el camino, donde debes elegir temerle o elegir la esperanza de superarla. Necesitan que digas: "No estás bien y lo que estás haciendo no está bien, pero ¿qué puedo hacer para ayudarte?" No te alejes. Necesitan saber que no son los pedazos de basura sin valor que el mundo llama.

Tomó tres años, pero finalmente alguien hizo eso por mí. Mi amigo me hizo darme cuenta de que Jesucristo estaba esperando con los brazos abiertos mientras yo lo alejaba más de mí. Sus brazos permanecieron abiertos, extendidos para el abrazo de Su hija. y mientras Sus brazos estaban abiertos, Él murió por mí. Mientras le decía: "No te necesito Dios, solo necesito que te vayas", Él tomó todo mi pecado, todas mis lágrimas, toda mi depresión, toda mi inutilidad, todas mis drogas y alcohol y abuso, y los clavó en la cruz con Él. Murió para que el suicidio no tuviera que ser la respuesta para mí. Él tiene cicatrices en las muñecas, así que las mías no tuvieron que tenerlas.

Yo tengo valor y tengo un propósito. Lo que me gustaría que sacaras de mi historia es esto: las drogas, el alcohol, las autolesiones y los trastornos alimentarios son adicciones. Los adictos necesitan amor, no un dedo en la cara que los juzgue. En algún momento abrieron su corazón a algo que pensaron que les traería felicidad. Cuando un adicto llega a esa bifurcación en el camino, un poco de apoyo de una persona puede hacer que elija la esperanza sobre el miedo.

Jesús te ve. Él ve cuando lloras solo en el baño, en tu auto y cuando te metes en la cama. Él ve el dolor que tu desastre te está causando. Jesús vio todo eso en mí, y me rescató. Hizo más que eso: eligió AMARme también. Lea Lucas 15. Este joven loco se escapa, toma su herencia y se va de fiesta. Luego, roto y humillado, regresa a casa. Cuando aún estaba lejos por el camino, su padre lo estaba buscando, y vio a su hijo, corrió y lo abrazó. A veces nuestro Padre permite que nuestras vidas se vuelvan tan locas como un huracán, solo para que podamos saber lo que se siente al llegar a casa y sentir su abrazo amoroso. No importa lo que hayas hecho, o lo que te hayan hecho. No importa cuán lejos te hayas alejado de Él. Él te ama y desea tenerte. Cuando capten ese concepto, sabrán exactamente por qué ahora sé que tengo valor.

TÉ CON MIS HIJOS - LA HISTORIA DE LUISA

Primero quiero decirles que he orado a DIOS toda mi vida. Realmente no lo conocía como lo hago ahora. Solía pensar en eso durante bastante tiempo, pero ahora soy libre. DIOS arregló eso cuando fui a buscar ayuda para mi hijo que estaba drogado; las cosas empeoraban cada día. Me hablaron de un joven que era pastor en un pueblo cercano que caminaba las calles hablando con niños y niñas que tenían un problema como el de mi hijo. Lo conocí y concerté una cita con él. Él y su encantadora esposa me hicieron sentir extremadamente cómoda mientras les contaba nuestro dilema. Al final de nuestra conversación, preguntó si podía orar por Frank y nuestra familia. Yo, por supuesto, dije "sí", pero nunca antes había orado en voz alta. Empezó diciendo: "Señor, te presentamos a Doris" y entré en pánico. Se detuvo y preguntó por qué... mi nombre es Louise... Pensé que DIOS no sabría que era nuestra familia. Continuó y se tomó el tiempo de venir a hablar con nuestro hijo. Eventualmente, nos unimos a su iglesia, me bauticé, aunque mi esposo fue el único que vino a ver esto porque mi familia pensó que estaba fuera de los caminos trillados.

Nuestro hijo era motociclista y montaba con 21 jóvenes. Hubo muchas miradas malas y crueles de los vecinos cuando ellos llegaron a nuestra casa. Me había vuelto cercana a todos y cada uno de estos chicos. Cada uno tenía una historia, y si la gente se hubiera tomado el tiempo de conocer a personas que se veían diferentes y duras, habrían aprendido a amarlas como yo.

Invitamos a ocho de estos muchachos a la iglesia un domingo. Les dije que si venían a la iglesia podrían unirse a nosotros para la cena del domingo. Cinco de ellos vinieron y se sentaron en la última fila de la iglesia y escucharon a un motociclista que alguna vez perteneció a los Warlocks. Cuando el joven terminó de hablar, los jóvenes saltaron sobre sus asientos y salieron corriendo de la iglesia. Sabían lo que venía. Volvieron a cenar y tuvieron un festín. Antes de empezar a comer, pasé una hogaza de pan y todos rompieron un trozo.... esta costumbre se quedó con todos nosotros. Cada vez que venían tenía pan. Ellos pensaron que era genial. Cuatro de ellos, incluyendo a mi hijo, regresaron a la iglesia unas cuantas veces más.

Después de conocerlos a todos y cada uno de ellos, llamaban y preguntaban si podían parar y tomar el té conmigo. Chicos grandes de seis pies pidiéndome que si podían venir a tomar el té... quién lo imaginaría. Nos sentábamos y hablábamos de la Biblia. Me sentí bastante incómoda con esto por un tiempo porque no sabía nada.

Yo tomaba mi Biblia y leía algunos pasajes y escuchaban atentamente. Ellos continuaron viniendo y pasaban más tiempo. Entonces tuve que prepararme para que aceptaran al Señor, así que escribí la oración de salvación en un papelito y cuando el primer joven dijo "SÍ", inmediatamente saqué este papelito de mi bolsillo y se lo leí. Funcionó, así que seguí haciendo esto. Sabía que DIOS estaba justo a mi lado en ese momento.

Frank y su amigo Mark vinieron un día y me dijeron que tenían que hablar conmigo. Ambos habían ido a una clínica para hacerse un análisis de sangre para ver si tenían algún rastro de SIDA. Ambos pidieron té, así que pensé que todo estaba bien. Una vez que tomaron el té me dijeron que ambos tenían el virus. Lo primero que me dije a mí misma fue: "DIOS, por favor, dame la fuerza y las palabras apropiadas para decirles a estos muchachos". Temblé... y les dije que estaríamos allí para ellos y oraríamos para que hubiera una cura. Semanas después de esto, vinieron más jóvenes a tomar el té. Tenían las mismas noticias. Saqué el pequeño pedazo de papel con la oración de salvación. Oré y les expliqué que un día todos estaríamos en el cielo... no más dolor... no más lágrimas, etc. Diecisiete ciclistas aceptaron al Señor. Seguían viniendo a tomar el té. Todos recibieron abrazos. El último muchacho que llegó medía seis pies de alto... fornido... educado... amable... estaba parado contra una pared y se deslizó hasta el suelo... así que me uní a él. Otra vez salió el papel que aún conservo... lloramos... y luego tomamos té.

Pronto iría a velorio tras velorio con mi hijo. No pude soportar mucho más cuando Frank tuvo que ser internado en un hospicio. Lo cuidamos mucho. Los amigos lo visitaban bastante, lo que lo hacía feliz. Cuando estaba

cerca del final, DIOS trajo a toda la familia a su lado...
Incluso trajo a dos amigos especiales y una enfermera.
Frank falleció el 20 de febrero de 1994. De los veintiún
amigos, diecisiete se han ido, pero algún día los veré en el
cielo. Gracias, Señor, por estar siempre conmigo.

CÓMO INICIAR UN GRUPO DE APOYO

LOVE THEM TO LIFE (LTTL)

Junto a Aguas de Reposo fue escrito para ser utilizado por madres individuales, así como para ser el plan de estudio de un grupo de apoyo para madres que tienen hijos adictos. Así como las madres tienen un vínculo especial con sus hijos, también las madres tienen un vínculo especial con otras madres que están luchando con los mismos problemas que ellas. Es muy útil poder unirse a otras madres y compartir el dolor y los problemas que cada una experimenta. No solo aprenden de los temas, sino que aprenden unas de otras. Una madre puede estar comenzando su viaje con su hijo, mientras que otras lo han estado recorriendo durante años y tienen una gran experiencia para compartir.

¿Qué se necesita para iniciar un grupo LTTL? Puede ser tan simple como un pequeño grupo de mamás reunidas en la casa de alguien. Podría ser un grupo patrocinado por una iglesia o centro comunitario. Es útil tener una o dos personas en el grupo designadas como facilitadores, para tener cierta estructura en el grupo. Uno no tiene que estar capacitado como consejero u otro profesional para facilitar. Sería útil tener copias del libro a la mano si es posible para que cada mamá pueda tener una.

Hay una guía del facilitador disponible en el sitio web *Love Them To Life* como descarga gratuita. Ofrece sugerencias sobre cómo dirigir el grupo, además de dar respuestas sugeridas a las preguntas del capítulo.

Nos encantaría saber dónde se reúnen los grupos, en caso de que tengamos mujeres en esas áreas que necesitan encontrar un grupo. Envíenos un correo electrónico con su ubicación, así como cualquier comentario sobre cómo va el grupo o sugerencias para mejorar el sitio web y el ministerio.

LECTURA RECOMENDADA

Familias Donde la Gracia Está en Su Lugar	Jeff VanVonderen
Gracia y Adicción	Gerald May, MD
Experiencia Gracewalk	Steve McVey
Manual para la Felicidad Síndrome de Rechazo y el Camino a la Aceptación	Dr. Charles Solomon
Ayudar a Otros a Superar las Adicciones	Steve McVey y Mike Quarles
Esperanza y Ayuda para los Adictos	Jeff VanVonderen
Garantía De por Vida	Dr. Bill Gillham
La Relación Emocionalmente Destructiva	Leslie Vernick
El Significado del Matrimonio	Timothy y Kathy Keller

RECURSOS

Love Them to Life—
lovethemtolife.com.
Love Them to Life es un ministerio de apoyo a las
madres de adictos. Una lista de lugares de rehabilitación
está disponible en nuestro sitio web. Ésta no es una
lista exhaustiva, pero se enfoca principalmente en las
rehabilitaciones cristianas.

Asociación de Misiones Evangelísticas de Rescate – agrm.org
ARGM tiene una lista de misiones de rescate en los
Estados Unidos, incluyendo información de contacto.

Grace Fellowship International (GFI):
gracefellowshipinternational.com.
GFI es un ministerio de discipulado espiritual, consejería
de Vida Intercambiada y capacitación de personas que
ayudan a través del mensaje de Cristo y la Cruz.

Ministerio de Recuperación Grace Walk—
freedomfrom.wordpress.com.
El ministerio de Mike y Julia Quarles. Por muchos años,
Mike tuvo adicción al alcohol y fue transformado a través
del mensaje de la Vida Intercambiada.

Keswick Colonia de la Misericordia de Estados Unidos y Barbara's Place—americaskeswick.org.
Centro de recuperación de adicciones en Nueva Jersey. La Colonia de la Misericordia es un programa de 120 días para hombres. Barbara's Place es una instalación a largo plazo para mujeres.

Argot de mensajes de texto sobre drogas—noslang.com.
Un sitio web de recursos para que los padres puedan entender lo que sus hijos están diciendo en sus textos.

Clínica Mayo—mayoclinic.com.
Buscar 'síntomas de adicción a las drogas'. Este es un excelente artículo que enumera todas las categorías de drogas y sus efectos.

Cómo ser un hijo de Dios— howtobeachildofGod.com

Esperanza para el corazón—esperanzaparaelcorazon.org. Este sitio tiene temas de ayuda como el alcohol y adicción a las drogas.

SOBRE LA AUTORA

Me sacó del pozo de la desesperación, del lodazal, y puso mis pies sobre una roca, haciendo seguros mis pasos. Puso en mi boca un cántico nuevo, un canto de alabanza a nuestro Dios. Muchos verán y temerán, y pondrán su confianza en el Señor (Salmo 40:2,3)

Cherri Freeman es la fundadora de Love Them To Life y ha sido asociada de Grace Fellowship International desde abril de 2013.

Cherri creció en el Centro de Conferencias de la Colonia de la Misericordia Keswick de Estados Unidos en Whiting, NJ, el cual fue fundado por su bisabuelo. Se graduó de Wheaton College con una licenciatura en biología. Además de trabajar en varios campos de la medicina, enseñó ciencias en escuelas secundarias y preparatorias durante muchos años. Ha criado a cinco hijos, dos de los cuales lucharon contra la adicción.

En el 2012, Dios llamó a Cherri al ministerio a tiempo completo para trabajar con mujeres que tienen a seres

queridos en la adicción. Esto llevó a la fundación de Love Them To Life (lovethemtolife.com). Su pasión es ayudar a otras madres que están lidiando con hijos adictos.

Ella es una consejera y especialista en recuperación de adicción certificada a través de Grace Fellowship International.

Se puede contactar a Cherri enviando un correo electrónico a lovethemtolife@gmail.com.

NOTAS FINALES

Capítulo 1:
May, Gerald, MD, *Addiction and Grace* (Nueva York, NY: HarperCollings, 1988), 14, 24.

Capítulo 2:
Jeff Van Vonderen, *Esperanza y ayuda para los adictos* (Grand Rapids, MI: Revell, 2004), 55-65.

Capítulo 3:
https://www.psychologytoday.com/blog/traversing-the-inner-terrain/201103/king-or-queen-baby
http://korrekt.com/books/king_baby/king_baby.htm
http://www.ask.com/health/king-baby-syndrome-97f93b4141378a4d#full-answer

Capítulo 4:
Jeff VanVonderen, *Esperanza y ayuda para los adictos* (Grand Rapids, MI: Revell, 2004), 83-96.
Capítulo 5:
http://www.psychologytoday.com/blog/the-anatomy-addiction/201207/are-you-empowering-or-habilitating.

Capítulo 14:
http://www.fathersloveletter.com/.

Capítulo 16:
Diane Hunt, *Crossing the Jordan* (Fort Washington, PA: CLC Publications, 2011).

Capítulo 17:
http://www.webmd.com/mental-health/effects-of-stress-on-your-body.
Bill Gillham, *Garantía de Por Vida* (Eugene, OR: Harvest House Publishers, 1993).
Jeff VanVonderen, *Families Where Grace Is In Place* (Minneapolis, MN: Bethany House, 1992).

Apéndice: http://www.fathersloveletter.com/.
Melody Beattie, *No Más Codependientes* (Minnesota: Fundación Hazeldon, 19).

www.ingramcontent.com/pod-product-compliance
Lightning Source LLC
Chambersburg PA
CBHW030310130626
46549CB00002B/788